지금 아이들이 있는 곳

今　子どもたちのいるところ. 小沢牧子 著.
Copyright ⓒ 2004 木城えほんの郷.

이 책의 한국어판 저작권은 저자와의 독점계약으로 서현사에 있습니다.
저작권법에 의해 국내에서 보호를 받는 저작물이므로 무단전재와 무단복제를 금합니다.

지금 아이들이 있는곳

아이와 함께 오늘을 살아가는 법

오자와 마키코 지음 / 이미식 감수 / 김은서 옮김

서현사

한국어판 머리말

 이번에 강연록 《지금 아이들이 있는 곳》이 한국어로 번역되어 한국의 독자 여러분께 전할 수 있게 되었습니다. 대단한 영광이며, 또한 기쁘게 생각합니다.

 이 강연을 제가 큐슈(九州)의 미야자키현(宮崎県)에서 실시한 것은 2003년 봄이었습니다. 그로부터 벌써 12년의 세월이 흘렀습니다. 그러나 일본의 아이들을 둘러싼 상황은 당시와 거의 변함이 없습니다. 당시 저는 일본 아이들의 불안하고 의지할 곳 없는 마음이 무척 걱정스러웠습니다. 이 강연록에는 주로 그 문제의식이 거론되어 있습니다.

당시 제가 지적한 일본사회의 문제점은 아이와 젊은이가 안정감과 자신감을 가질 수 없다는 부분에 있었습니다. 개인을 끊임없이 비교·평가하고 서로 경쟁하게 하는 그 상황은 지금도 개선되지 않았고, 아이들은 스스로 살아 있다는 것을 확실히 실감하지 못하는 것 같습니다.

그 배경에는 교육과잉의 경쟁사회가 있습니다. 게다가 브레이크 없이 진행하는 정보·소비사회의 어수선함도 영향을 주고 있습니다. 아이들은 한편으로 그들의 문제를 늠름하게 극복하려 하고 있습니다. 친구와 함께 있을 때의 자지러지는 웃음소리가, 그들의 힘을 보여주고 있습니다. 그 힘을 간과해서는 안 됩니다.

아이와 젊은이는 스스로 성장하는 존재입니다. 그러나 그들 주변에 넘쳐나는 것은 '자라는(성장:grow up)' 것보다 '키우는(양육:bring up)'이라는 말입니다. 그 말은 '아이와 젊은이를 어른이 생각하는 그대로의 모습으로 완성시킨다'라는 의미를 가지고 있습니다. '키운다, 교육한다'라는 아이를 향한 시선은 그들이 자발적으로 배우고 변화하고 자라나는 힘을 약화시키고, 때로는 그것을 강제로 빼앗습니다. 갓난아기와 어린아이들조차 스스로 자라날 수 있는 존재인데도 말이지요.

갓난아기와 어린아이들은 살아가는 방법을 아직 아무것도 모르는 무력한 존재라고만 생각합니다. 어떤 의미에서는 확실히 그렇겠지요. 어른의 보호 없이는 위험으로부터 몸을 지키는 것이 아직은 불가능하기 때문이지요. 그러나 한편으로 갓난아기는 살아가기 위한 기본적인 힘을 확실히 지니고 태어납니다. 예를 들어 태어남과 동시에 젖을 빠는 방법을 알고 있습니다. 저는 첫아이를 출산했을 때 젖을 물리는 법을 바로 알지 못해서 갈팡질팡했습니다. 그런데 갓난아기는 재빠르게 달라붙어서 소리를 내며 젖을 빨기 시작했습니다. '아! 필요한 것은 갓난아기 스스로 알고 있구나'라고 그때 저는 눈이 번쩍 떠질 만큼 놀랐고, 동시에 안심했습니다. 부모는 아이의 모습과 그 행동에서 순수하게 배우고, 부모의 형편과 타협을 하면서 아이의 성장을 함께해주면 된다고 생각했기 때문입니다.

자신에게 지금 무엇이 필요한가를 아이는 알고 있습니다. 갓난아기는 자신에게 필요한 양의 젖을 먹은 후에 스스로 마시기를 멈추고, 잠이 듭니다. 공복이 되면 울음으로 알리고 엄마는 그에 응합니다. 이렇게 갓난아기와 엄마는 서로에게 막상막하의 관계로 도움을 주며 함께 걸어갑니다. 그 관계는 아이가 성장하여 학교에 가고, 청년이 되더라도 변하지 않는 것입니다.

그런데 지금 부모자식을 둘러싼 사회에는 '키운다, 교육한다'라는 말이 넘쳐나고 있습니다. 거기에는 어른이 위에서 아이를 이끈다는 시선이 있으며, '함께 자란다, 함께 배운다'라는 어른과 아이의 상호관계가 소홀해지고 있습니다. 이 분위기 속에서 아이는 스스로 배우고 자라는 힘을 점차 포기해갑니다. 그렇게 하지 않으면 어른에게 환영받지 못하기 때문입니다. 어른이 요구하는 틀에 자신을 맞추고, 스스로 자라는 힘을 약화시켜갑니다. 학교라는 장소, 그리고 학교화된 부모는 그 오류를 무릅쓰고 있습니다. 그리고 교육산업에 가리어진 교육과잉의 사회는 결코 아이 편이 아니며, 아이의 생명력을 쇠

퇴시킵니다.

 아이는 스스로 살아가는 힘을 가지고 태어나는 한편 소중한 그들의 소유물이 있습니다. 그것은 다양한 기능을 갖춘 자신의 신체입니다. 보고 듣고 만지고 만들고 걷기 위한 눈, 귀, 손발은 소중한 그들의 재산입니다. 아이는 신체 전체를 사용하는 것을 기뻐합니다. 그런데 현대사회는 스스로 천천히 생각하고 고안하는 여유와 물질을 만들기 위한 손을 빼앗습니다. '스스로 생각하지 말고 인터넷으로 알아 봐. 금방 대답해줄 거야', '스스로 만들지 말고, 완성된 상품을 사도록 해'하면서요. 아이들은 손발을 사용하지 않고 상품의 홍수에 휩쓸립니다. 그것이 정보·소비사회라고 불리는 것의 모습입니다. 신체를 빼앗긴 아이들은 수동적으로 살아가는 것을 강요당하고, 그것이 또한 아이들의 활력을 빼앗습니다.

 최근 몇 년, 일본의 젊은이들 사이에서 유행하고 있는 것은 '사는 게 괴롭다'라는 말입니다. 괴롭다, 안심할 수 없다는 기분이 이 말에 담겨 있습니다. 한국에서는 어떤가요? 만약 같은 상황에 있다고 한다면 우리들 어른은 각자의 나라에서 모처럼 이 세상에 태어난 생명이 생기 있게 자라날 수 있도록, 교류하며 힘써 가도록 합시다.

2015년 8월
오자와 마키코(小沢牧子)

감수자의 글

 우리는 다양한 역할을 수행하면서 삶을 삽니다. 예컨대 한 아이의 아버지 혹은 어머니이자, 직장에서는 교사로서, 지역사회 혹은 인류공동체에서는 한 구성원으로 살아갑니다. 그런데 한 인간이 수행하는 역할은 다양하고 중첩되지만 각각의 역할을 수행하는 데 있어서는 가치의 혼란을 경험하는 경우가 있습니다. 가령 출근해서는 교사로서 학생들을 가르치고, 퇴근해서는 부모로서 자녀를 양육하고, 주말에는 지역사회에 위치한 학교에서 자원봉사자로서 상담을 한다고 합시다. 이 각각의 경우 대부분의 부모들은 가치의 일관성을 유지하려고 합니다. 내 아이를 가르치는 것과 남의 아이를 가르칠 때 동일한 열정과 사랑을 갖고자 합니다. 즉 내 아이를 가르치는 것과 남의 아이를 가르치는 것의 차이는 단지 대상이 다르고 아이들이 서 있는 공간과 시간의 지점이 다를 뿐이라고 생각하며 모든 아이들을 내 자식처럼 여기려고 합니다.

그리고 어른으로서 곰곰이 자신에게 물음을 던져봅니다. 과연 한국에 살고 있는 아이들을 내 자식처럼 기른다는 관점에서 부모 혹은 교사로서의 삶의 모습은 어떠해야 하는가? 그리고 이 물음은 개인적 차원의 심리적이고 윤리적인 문제인가? 아니면 사회적이고 제도적인 문제인가? 이러한 물음 앞에 직면했을 때 당혹감을 멈출 수 없습니다. 그리고 다시 물음을 던집니다.

국어사전에 어른이란 '다 자라서 자신의 일에 책임을 질 수 있는 사람'으로 규정되어 있습니다. 우리가 한 아이의 부모이자 교사로서 삶을 산다고 할 때 교집합은 어른으로서 삶을 산다는 것입니다. 그러므로 위에서 던진 물음에 대한 해답의 시작은 '어른으로서 우리는 현재의 아이들을 위해 무엇을 하고 있는가?'하는 것입니다.

요즈음 아이들은 자신들이 믿고 신뢰할 만한 어른을 찾기 힘들다고 합니다. 아이들은 성장하는 중이기 때문에 통증을 경험합니다. 그런데 아이들의 아픔에 동참하고 아파해줄 수 있는 버팀목 같은 어른이 없다는 것입니다. 어른들은 아이들보다 많은 것을 알고 있다는 자신감 때문에 혹은 아이들이 완벽한 성인으로 성장하려면 부족함만 채워주면 잘될 것 같은 왜곡된 인식 때문에 아이들을 앞에서 끌고 가려고 합니다.

어른들은 앞장서고 아이들이 뒤에 서 있으니, 아이들은 어른들의 등밖에 볼 수가 없습니다. 어른들은 앞에 서 있으니 아이들의 체취를 느낄 수 없습니다. 그래서 어른들과 아이들은 서로 소외된 삶을 삽니다. 서로에서 필요한 것을 채워줄 수 없으니 무기력만 느낍니다. 어른들과 아이들의 삶이 소외되고 무기력하니, 내 자식만이라도 잘 키워야지 하지만 어른으로서 갈증은 회복되지 않습니다. 되돌이표 같은 식상한 푸념일 뿐입니다.

그런데 임상심리학이자 어머니로서 오자와 마키코 선

생은 이 책에서 이렇게 말합니다. 무기력한 아이들이 우리 눈앞에 있습니다. 과연 이러한 아이들과 우리 어른들은 어떻게 살아가야 할까요? 그녀는 거울을 가진 부모 혹은 교사와 인간으로서 부모 혹은 교사의 삶을 비유적으로 설명합니다. 아이들에게 거울과 같은 어른은 아이들의 겪는 무기력함이나 통증의 원인을 부모 또는 전문가의 관점에서 비춰주는 역할이라면, 인간으로서 어른은 그들이 겪는 통증을 함께 겪는 사람이라고 합니다. 그래서 인간으로서 어른은 아이들의 서 있는 그곳에 함께 서 있는 역할을 해야 한다고 떨림이 있는 목소리로 강렬하게 이야기합니다. 즉 오자와 마키코 선생은 어른으로서 살아낸 이야기를 우리에게 감동적으로 들려줍니다.

  이 책에 실린 이야기는 어른으로서 잃어버린 순수한 열정을 불러일으킵니다. 이 이야기를 통해 어른으로서 성장하는 변화가 곳곳에서 햇살 같이 일어나서 그 공명으로 인해 어른과 아이들 모두가 행복했으면 하는 바람입니다.

2015년 8월
이미식

차례

한국어판 머리말 · · · · · 5
감수자의 글 · · · · · 11

제1장 지금 아이들이 있는 곳
들어가며 · · · · · 19
엄마는 저절로 되는 걸까 · · · · · 24
3세까지는 엄마가? · · · · · 34
아이에게 배운 것 · · · · · 38
지금 아이들이 있는 곳 · · · · · 44
무기력한 아이들 · · · · · 47
지금 어른이 할 수 있는 일 · · · · · 68
나가며 · · · · · 76

제2장 동그라미를 만들자
그림책으로 놀자 · · · · · 83
심리학을, 왜 묻는가 · · · · · 94

후기 · · · · · 113
옮긴이의 글 · · · · · 115

제 1 장

지금 아이들이 있는 곳

들어가며

　오늘은 '지금 아이들이 있는 곳'이라는 테마로 강연을 할 예정인데요. 어쩐지 터무니없는 제목을 붙인 것 같습니다. '지금 아이들이 있는 곳'을 어른인 제가, 그것도 60대인 제가 대변한다는 것은 참으로 창피한 일입니다. 아이들에 대해서는 당사자인 아이들과 젊은이들에게 물어보지 않으면 알 수 없으니까요. 하지만 아이들이 지금 놓여 있는 자리가 역시나 마음에 걸려서 구태여 그 이야기를 해보려고 합니다.

　오늘 이 자리에는 중학교 선생님도 오셨고, 아이들의 사정에 정통한 그림책 그룹의 멤버 등 여러분들이 오셨습니다. 그분들 앞에서 조금 겸연쩍지만 문제를 제기하며 이야기를 해나가려 합니다.

조금 전에 제 소개를 해드렸는데요. 임상심리학이니 교육상담이니 하는 말을 듣고 여러분은 제가 심리학자라고 생각했을지도 모르겠습니다. 하지만 제 입장은 심리학의 사회적 역할에 대해 숙고해온 입장 쪽에 가깝다고 할 수 있습니다.

저는 젊은 시절 임상심리학을 공부한 뒤 심리학 분야의 일을 하거나 또는 연구를 하면서 점점 의문을 갖게 되었습니다. '이건 문제야, 이건 이상한데.'라고 느끼는 심리학의 실상은 도대체 무엇인지 생각하기 시작했습니다. 그리고 이 심리학이라는 학문은 '과연 우리들의 사회를 풍족하게 하거나, 자유롭게 하거나, 즐겁게 하는 것일까? 혹시 그 반대는 아닐까?'라고 깊이 생각하게 되었습니다. 그 결과 한마디로 말하자면 인간을 안심하게 만드는 기법이나 이론이라는 것을 깨달았습니다. 그 이후 임상심리학과 관련된 일은 점차 그만두게 되었습니다.

최근에 저는 《마음의 전문가는 필요 없다心の専門家はいらない》와 《'마음의 노트'를 해독하다'心のノート'を読み解く》라는 책을 집필하였습니다. 《마음의 노트心のノート》는 가정의 교육 능력이 떨어졌다고 여겨 국가가 만든 도덕 보조교재이자 국정교과서 같은 것인데요. 요즘은 그 책을 전국의 초등학생들에게 배포했습니다. 그리고 거기에 심리학자가 관련된 상황이 발생했는데, 저는 그건 좀 아니라고 말하고 싶은 입장입니다.

그렇기 때문에 "당신의 전문분야는 무엇인가요?"라는 물음에 늘 당황합니다. "전문은 심리학론입니다." 혹은 "심리학자입니다."라고 말할 때도 있고요. 그런 복잡한 입장에 있다는 것에 대해 서두에 미리 양해를 구하겠습니다.

저는 아이들에 대해 생각하면, 그들에게 배우면서 살아왔다고 생각합니다. 어쩌다보니 두 남자아이의 부모가 되었고, 아이들과 함께 살면서 그 속에서 발생하는 문제를 여러 측면에서 생각하기 시작했던 것이 심리학을 되묻는 가장 큰 계기가 되었습니다. 아이들과 생활하다보면 아이들이 가져오는 문제로부터 도망칠 수 없고, 고민하지 않을 수 없거든요. 그래서 저는 조금 심사숙고하게 되었다고 할 수 있겠네요.

만약, 아이들이 매일같이 문제를 가져오지 않았다면 정말로 게으름 피우기 좋아하는 저 같은 사람은 시대에 대해서도, 심리학이라는 학문에 대해서도, 부모라는 입장에 대해서도, 아이들에 대해서도 그다지 생각하지 않고 빈둥빈둥 살았을지 모릅니다.

그래서 제가 되묻기를 시작한 계기에 대해 조금 이야기를 하면서 오늘의 테마로 들어갈까 합니다.

《마음의 노트 心のノート》

《마음의 노트 心のノート》는 일본 문부과학성(우리나라의 교육부)이 2002년 4월, 전국의 초등학교, 중학교에 무상으로 배포한 도덕 보조교재이다. 심리학자인 카와이 하야오(河合隼雄)를 중심으로 제작되었다. 2003년 12월 6일 《마음의 노트》는 전면 개정되어 《우리들의 도덕 私たちの道徳》으로 명칭이 변경되었고, 이듬해인 2004년도부터 배포되었다. 한편 2009년에는 신 학습지도요령에 맞춰 개정되었다.

2003년 7월에는 교사용 지도입문서로 《'마음의 노트'를 활용한 도덕교육의 전개 '心のノート'を生かした道徳教育の展開》가 간행되었다. 이 입문서의 개정은 2013년 3월에 실시되었다.

엄마는 저절로 되는 걸까

 제가 처음으로 임상심리학이나 전문가라는 존재에 의문을 갖게 된 계기는 첫 출산을 하면서였습니다. 오늘은 바로 '어머니날(5월 8일을 어버이날로 지정한 우리와 달리 일본은 매년 5월 둘째 주 일요일을 어머니날로, 6월 둘째 주 일요일을 아버지날로 정하고 있다. -옮긴이)'이기도 하네요. 아무튼 저는 그때 '엄마', '모성'이라고 불리는 것은 도대체 무엇일까를 생각하기 시작했습니다.

 벌써 30년도 넘은 일이고, 기억이라는 것이 자신에게 유리하게끔 사실을 변질시켜버리기 때문에 실제로 그때 어떻게 느꼈는지는 정확하지 않을지 모릅니다. 하지만 출산 후 제 안에 가장 분명하게 남아 있던 것은 '아, 엄청난 일이 벌어졌다. 이제 되돌릴 수 없는 건가.'라는 생각이었습니다. 지금 웃고 있는 분이 보이는데, "아, 나도 그 마음 이해해."라는 의미인 것 같네요……. 하지만 제가 배워온 심리학 책에는 '엄마가 된 순간 모성애가 펄펄 끓어올라 아이가 사랑스러워서 견딜 수 없습니다. 모성애가 모유처럼 샘솟습니다.'라고 적혀 있었어요. 이 사람은 그랬구나 하며 저자의 이름을 들여다보면 남자이더군요.

이상하긴 하지만 저명한 전문가가 그렇다고 하니 분명 그런 거겠지 했어요. 하지만 저는 모성이 펄펄 끓어오르기는커녕, 무언가 엄청난 중압감을 느끼며 '이거 엄청난 일이 벌어졌구나.'하고 생각했어요. 그와 동시에 그렇게 생각하는 나는 심리학으로 말하면 '모성실격(母性失格)'이나 '엄마실격(母親失格)'의 부류가 되는 건가 싶어서 불안했습니다.

'혼자서 아이에 대한 책임을 전부 짊어져야 하는 건가?

앞으로 일도 계속하고 싶은데 어떻게 해야 하나? 한 인간으로서 조금이라도 사회와 연계되어 살아가고 싶다는 바람은 어떻게 되는 걸까? 이렇게 흐물거리고 있는 아이를 어떻게 하라는 거지?' 마음속은 그런 불안함으로 가득했습니다.

제 주변에도 아이가 있는 엄마들이 많이 있었고, 갓 엄마가 된 친구들도 있었는데요. 저는 아이를 데리고 집으로 돌아온 후, 이 사람들도 출산했을 때 모성애가 펄펄 끓어올랐는지 어땠는지 물어봐야 할 것 같아서 질문을 시작했습니다. "나는 예외적인 걸까, 이상한 걸까, 문제 엄마인 걸까?", "다른 사람들은 어떻게 싱글벙글 웃으며 아이를 키우고 있는 걸까?"

1960년대에는 지금처럼 육아지원이라는 것도 없었습니다. 저는 "아이를 낳으면 그건 엄마의 책임이다.", "아이를 낳으면 훌륭하게 키울 수 있게 되는 것이 엄마이다.", "모성이라고 하는 것은 그런 것이며, 어머니는 훌륭하다. 어머니는 대단하다."라고 칭송하는 것이 너무 싫었어요. 억

지로 엄마에게 육아 책임을 전가하는 것 같았거든요.

아이가 무척 사랑스럽게 느껴졌지만, 그래도 어머니날은 마음에 들지 않아서 '어머니날이라고 치켜세우지 마. 나는 어머니날이 아닌 내 생일을 축하하고 싶어.'라고 생각했습니다.

주변 사람들에게 묻다보니 그건 결코 저에게만 해당하는 이야기는 아니었습니다. "맞아 맞아, 어머니날보다 내 생일이지."라는 사람도 있었고, "역시 개인이 사라지면 국가는 그걸로 끝이지."라고 말하는 사람도 있었고요……

제가 무엇보다 든든했던 것은 '아, 엄청난 일이 벌어졌다. 이제 되돌릴 수 없는 건가.'라고 생각했던 저보다 한 수 위의 사람이 있었기 때문입니다.

"그건 보통이지. 난 있잖아, 아이를 돌려주러 갔는걸……." 하고 말하는 이가 있었거든요.

초등학교 선생님인 그녀는 아이를 낳은 그날, 침대에서 아이를 보고 있자니 걱정스러워져서 '이 일을 내가 받아들일 수 있을까.'하는 생각에 간호사실로 아이를 데려가서는 "죄송한데요. 아직 키울 결심이 서지 않았어요. 하룻밤만

맡아주세요."라며 맡겼다고 해요. 지금 그 친구는 아이들을 무척이나 좋아하지만요.

이 이야기를 듣고 저는 정말로 마음이 편안해졌습니다. 뭐야, 모두 똑같구나. 다들 그걸 말하지 않고 생글생글 웃으며 살고 있지만, 모든 엄마들이 처한 상황은 똑같구나. 그것은 개인의 문제가 아니라 여자에게 모든 것을 강요하는 시대의 문제이거나 사회 속 상황의 문제라고 느꼈습니다.

이렇게 말하는 이도 있었습니다.

"나는 오자와 씨가 물어보기 전까지, 누구에게도 이걸 말한 적 없는데……. 아이가 태어났을 때 갓난아이의 얼굴을 보고 섬뜩했어."

"어째서?"라고 물어보니, 그 무렵 남편의 어머니 즉, 시어머니와 너무나도 사이가 나빠서 굉장히 괴로웠는데 태어난 아이 얼굴을 보니, 갓난아이가 그 시어머니 얼굴을 쏙 빼닮아 있었다는 것입니다. 그래서 덜컥 겁이 났답니다. 하지만 이렇게 말하더군요. "내가 이 아이를 예뻐할 수 있을까라는 생각이 들어서 밤새 잠을 잘 수 없었어. 그런 거지 뭐. 그런데 함께 살아보니 역시 사랑스럽더라고."

 제 주변의 엄마들은 그랬습니다. "함께 지내다보면 사랑스러워져. 낳자마자 모성애가 끓어오르는 건 아니야. 역시 함께 살면서 아이가 사랑스러워지는 거야."라고 말이죠.

 저는 그런 말을 들으면서, 주로 남자들이 적어 놓은 '모성애가 펄펄 끓어오른다.', '모성애가 결여된 여성은 문제가 있다.'라는 틀에 박힌 표현이 문제라고 생각했습니다. 여자들은 그 말에 얽매여 자신의 진실을 말할 수 없는 상태로 살아왔으니까요.

 아이를 사랑스럽다고만 생각할 수 없을 때도 있습니다. 한두 번인가 아이를 때린 적이 있는데요. 제가 아이를 때렸을 때, 싸늘하게 차가워진 얼굴로 '아, 이 사람이 나를 때리는구나.'라고 말하는 것 같은 아이의 눈에 움찔했습니다. 아이가 나를 조롱하는구나 하는 생각이 들어서 그 이후에는 더 이상 때릴 수 없게 되었던 그런 일도 있었습니다.

아이를 키우다보면 누구에게나 이런저런 일이 있습니다. 하지만 "골치는 아프지만 그래도 함께 부딪히다보면 아이와 사이가 좋아지더라고."라는 이야기를 친구에게 듣고, 너무나 마음이 편해져서 아이들과 즐겁게 생활할 수 있게 되었어요. 이런 사건들이 심리학을 향한 의문을 가지게 된 첫 계기였다고 할 수 있겠네요.

그래서 제가 조금이나마 습득한 '심리학'을 생활 속에서 되물어보고, 생활인의 입장에서 재인식하는 일은 매우 자연스럽게도 아이가 탄생한 순간에 시작된 것입니다.

영유아건강검진을 가면요. 체격이 작다거나 크다거나, 또는 너무 크거나 작아도, 너무 뚱뚱하거나 말라도 안 된다는 말을 듣곤 합니다. 다시 출산 무렵의 이야기로 되돌아가면, 출산 후 퇴원 전에 육아지도라는 것을 하는데 그 때도 "뭐라고?" 생각하게 하는 것이 있었네요. 바로 "아기에게는 정확하게 네 시간마다 분유를 주세요."라는 말이었어요.

그 무렵은 모유주의가 아닌 분유주의였습니다. 여러분

은 젊으니까 아마도 모유주의로 바뀐 후에 아이를 키웠을 것 같네요. 모유주의나 분유주의의 배경에는 국가의 경제 정책이 있었는데, 1960년대 후반 무렵까지는 분유를 많이 팔자라는 정책이었던 거죠. 그래서 모두 퇴원할 때 메이지 유업이나 모리나가 유업에서 만든 분유통을 받아서 돌아갔어요. '모유보다는 분유를 주십시오.'라는 메시지였던 거죠. 그래서 병원에서는 "분유를 정확하게 네 시간마다 주세요."라고 했던 겁니다.

저는 그때의 그 말과 간호사의 얼굴을 지금도 기억하고 있습니다.

"네 시간마다 정확하게 우유를 주면, 시계와 같은 아기가 완성됩니다."라는 말이죠. "네 시간마다 우는, 시계 같은 아기가 완성됩니다."라는······.

저는 딱히 시계를 낳은 건 아닌데······. '시계 같은 아기라니, 이상해. 태어난 건 좋겠지만 아이도 나름대로 앞으로 살아가기 힘들겠구나.' 싶었습니다. 하지만 네 시간마다 어떻다더라, 모성애가 어떻다더라에서 바로 해방된 것은 아니었어요. 집으로 돌아와서는 매일 아이에게 분유를 먹이고 체중계에 올려놓았거든요. 하지만 점차 스스로도 정육점 주인같은 기분이 들어서 '이건 이상해, 관두자. 건강하다면 그걸로 된 거야.'라고 생각은 했지만, 좀처럼 바꿀 수는 없더군요.

하지만 다른 한편으로 '인간의 신체와 아기의 생명, 자연이라는 것은 대단하구나.'하는 걸 동시에 느꼈습니다. 인공적이고 반자연적으로 만들어진 전문가의 메시지를 받아들이는 한편, 아기는 스스로 필요한 것을 알고 있기 때문에 괜찮다는 메시지도, 아기에게서 받아들이고 있었던 거죠.

아이가 태어나고 맨 처음에 겪는 일일 텐데요……. 젖을 물리러 간호사가 아기를 데리고 옵니다. 그때 저는 모유를 어떻게 먹이면 좋을지, 어쩔 줄 몰라 하며 허둥거리고 있었어요. 그러자 아이 쪽에서 잽싸게 유두에 달라붙어서 소리를 내며 빨기 시작했습니다. 그 소리가 아직도 귀에 생생하네요…….

저는 그때 '이 아이는 스스로 뭐든지 알고 있으니까 괜찮겠다.'라고 생각했습니다. 제가 먹는 법을 알려주지 않았는데도 아이는 먹는 법을 알고 있었으니까요.

 '자신에게 필요한 것은 알고 있구나. 그러니까 아무것도 걱정할 게 없겠다.'라고 한편으로는 생각했죠. 하지만 네 시간 간격의 시계 만들기와 먹고 싶을 때 먹으려는 생명체인 아기 어느 쪽을 택할지, 무척이나 우왕좌왕하던 일 년이었습니다.

 하지만 앞서 말했듯이, 같은 처지에 있는 친구들과 있는 그대로의 대화를 나누면서 '생명체로서의 아이가 소중하다.'는 확신을 갖게 되었습니다.

 확실한 것은 친구와 대화를 나누며 생활 속에서 깨닫는 수밖에 없고, 아무리 책을 읽는다 해도 아무것도 해결되지 않으며, 제가 지금까지 공부해온 심리학 이론에는 이상한 점이 너무 많다는 것을 그때 통감했습니다.

3세까지는 엄마가?

'모성애 신화' 또는 3세까지가 중요하고 3세까지가 결정적이라는 '3세아 신화', '3세까지는 엄마 손에서.' '3세부터는 너무 늦는다.' 등은 조작된 메시지입니다. 저는 도대체 무슨 연유로 어떤 경로로 이런 것들이 부모들에게 흘러든 것일까 조사하기 시작했습니다.

어쩌다보니 심리학과 관련을 맺게 된 저는 강박이 생기면 반드시 그것에 대해 생각하지 않고서는 직성이 풀리지 않습니다. 그리고 그러한 의문을 추구하다보면 많은 것들을 알게 됩니다. 앞서 말한 분유 정책의 배경에 대한 것도 그런 거죠…….

'3세아 신화'에 대해서는 1960년대를 시작으로 '3세아 붐'이라는 것이 정책으로 만들어졌다는 것을 조사하면서 알았습니다.

1961년에 '3세아 건강진단'에서 출발하여, '3세아'라는 TV 프로그램이 방송되기 시작했고, '3세아'와 관련된 책이 계속해서 출판되었죠. 어떤 이유인지는 모르나 1963년 무렵의 일이었습니다.

저는 이유가 무엇일까 의문스러워 조사해보았고, 그 배경에는 국가의 인재양성 정책과 후생노동성의 영유아교육 정책이 있다는 것을 알 수 있었습니다. 인재양성 정책의 핵심은 영유아의 가정교육에 있다고 하여, 이를 위해서는 전업 육아가 중요하다고 하였습니다. '3세까지는 엄마의 손에서'라는 말이 퍼지고, '3세아'를 테마로 하는 TV 프로그램과 책의 출판도 잇따랐습니다. '3세까지 이것만은' '3세부터는 너무 늦는다'는 상업주의도 퍼져서, 엄마는 가정에서 육아에 전념해야 한다는 의식이 조성되었습니다.

3세를 과잉 강조하는 이 풍조는 1980년대에 들어올 무렵에는 점차 개선되어 갔습니다만, '3세아 신화'를 믿는 학자·전문가와 장년 세대의 의식이 뿌리 깊게 세상에 계속적으로 영향을 주어서, 젊은 엄마들을 불안하게 하고 긴장하게 만든 것은 매우 유감스럽습니다.

결국 '모성이 펄펄 끓어오르는 것이 당연한 엄마' 같은 메시지는 국가와 전문가가 한 편이 되어 사람들에게 전하고 있는 거예요.

그것이 우리들의 생활에서는 어떨지, 과연 환영해야만 하는 것인지를 조금씩 분별해가면서 생각할 수 있게 되니까 마음이 편해졌어요. 아이들과 생활하는 것도 즐거워졌고요. 그런 식으로 지내오다보니 벌써 몇 십 년이 흘렀네요.

모성애 신화

모성애 신화란 '여성에게는 원래 모성이 갖추어져 있다.'거나 '아이를 낳으면 자동적으로 모성이 생겨서 자연스럽게 아이를 돌보고 싶어진다.'는 것으로, 즉 '여성에게 있어서 모성은 본능'이라는 것이다. 그리고 본능이 있기 때문에 '여성은 항상 모성을 느끼고 있다.'고 본다. 이 '모성애 신화'로 인하여 '나는 몹쓸 엄마…….'라고 엄마가 스스로 자책할 뿐만 아니라 남편, 부모와 형제, 친구, 이웃 등 주변사람들로부터 "엄마라는 사람이 왜 저래?"라고 비난받는 일도 있다. 유감스럽게도 의사나 간호사, 카운슬러, 보육원과 유치원의 교사 등 전문가라고 불리는 사람들에게 이런 말을 듣는 일도 있다. 하지만 사실 육아는 본능이 아닌 학습이다.

아이에게 배운 것

 부모가 된다는 것은 아이를 통해 사회를 보거나 생각하는 입장에 서는 것이기도 합니다.

 아이가 학교에 들어가면 생각해야 할 일들이 또한 여러 가지가 생겨요. 청년기가 되면 되는대로 아이에게 다양한 질문을 받거나, 싸움을 하거나 하면서 생각할 거리는 항상 아이와 얽혀 끊임없이 등장하지요.

 하지만 그때마다 저는 제 삶의 방식을 따릅니다. 그래서 저는 '어머니날'보다 '내 생일'을 소중히 여깁니다. 물론 어머니날이나 여자어린이날(여자어린이날은 여자어린이의 성장을 축하하는 날로 매년 3월 3일이다.-옮긴이)을 축하하거나 왁자지껄하게 보내도 좋습니다. 하지만 인간으로서 자신의 생일, 아이의 생일을 소중히 생각하는 것도 결코 잊어서는 안 되는 것이죠. 아이에게서 여러 가지를 배웠고, 저도 아이에게 제 생각이나 사정을 이것저것 강요하고 있습니다. 하지만 각자를 소중히 생각하고, 서로 함께 생각해온 적도 있습니다.

 어젯밤 '키조 그림책의 고향(木城えほんの郷)'에서 묵었습니다. 들에는 잡초가 잔뜩 자라 있었고, 조금도 뽑아서 정리하지 않은 상태였습니다. 그것을 보면서 '아, 이런 일이 있었지.'라며 문득 떠올랐어요. 아이가 초등학생 무렵 마당의 잡초를 뽑고 있었을 때의 일이네요.
 저는 씨앗을 심어서 꽃 피우는 걸 무척 좋아해서 잡초 뽑기도 아이와 함께하곤 했습니다. 그때 "이 풀은 뽑아도 되지만, 이건 꽃의 새싹이니까 뽑으면 안 돼."라고 알려주면서 풀을 뽑고 있었어요. 그러자 아이가 잠시 손을 멈추고 "엄마, 잡초 뽑기는 차별의 시작이네요."라고 말하더군요.

생각해보니 정말 그랬습니다. '이쪽은 소중히, 이쪽은 뽑아.'라고 선별하는 것은 인간을 구분해서 '이 사람은 쓸모 있다, 쓸모없다.' 또는 '이 아이는 진학코스, 이 아이는 특수학급.' 같은 식으로 나누는 것과 일맥상통하니까요.

저는 차별의 문제가 심각하다는 것을 깨달았어요. 아이는 그때의 일을 완전히 잊어버렸겠지만, 이렇듯 아이와 생활하면서 여러 가지를 생각했습니다. 그렇게 생각을 계속하면서 조금씩 사고방식이 단련되어온 것 같네요.

아이는 또한 다양한 질문을 하는데요. 그게 또 어려운 것만 물어봅니다.

중학생이었던 아이가 어느 날 밤, 부엌의 쓰레기를 정리하면서 분주하게 움직이고 있는 저에게 "엄마 그런데 인간은 왜 자살하면 안 되는 거예요?"라고 물었습니다. 그런 어려운 걸 쓰레기를 처리하고 있을 때 갑자기 물어본다고 한들……. "왜 그런 걸 물어보는 거니?"라고 물었죠. 가까운 자리에 앉는 여학생이 "자살하고 싶어. 자살하고 싶어."라고 하자 주변 친구들이 모두 "안 돼. 자살은 하면 안 돼."라고 말했다는 거예요. 하지만 아이는 "왜 자살하면 안 되는 거죠? 그렇잖아, 내 목숨은 내 것인데. 그럼 스스로 끝내도 되는 거 아닌가요?"라고 물었습니다.

저는 물론 곧바로 대답할 수 없었죠. "왜 자살하면 안 되느냐고? 엄마는 어쨌든 쓰레기를 처리해야 되고, 내일 도시락 쌀 준비를 해야 되니까, 오늘은 모르겠구나. 이 문제는 어려우니까 생각할 시간을 주렴. 내일까지 생각해볼게."하며 기다려달라고 했어요. 하지만 약속한 후에 마지못해서 "그런 질문은 좀 봐줘라."라고 말하고 싶었지만 약속해버린 이상 생각하지 않을 수 없었어요.

다음 날, 뭐라고 대답했는지……. "내 목숨은 내 것이라는 부분이 잘못된 게 아닐까?"라고 겨우 대답했어요. "사람의 목숨이란 건 혼자만의 것이 아니라 타인의 것이기도 하기 때문에 마음대로 끝내버리면 안 되는 거라고 생각해."라고 말했습니다.

아이는 "흠, 그런 관점도 있구나."라고 말하며 자신의 방으로 올라갔습니다. 생각해보니 그 대답이라는 것은 지금도 그다지 변하지 않았습니다. 그때는 초조하게 '내일까지 어떻게든 자신의 생각을 찾아내자.'며 고민했지만요. 아이는 언제나 어려운 숙제를 냅니다. 하지만 회피할 수 없기 때문에 억지로라도 생각할 수밖에 없어요. 그렇게 해서 자신의 생활에 뿌리박힌 말과 생각을 찾아가는 관계가 만들어집니다.

제 아이뿐만 아니라 주변의 아이들과 젊은이들에게 많은 것을 배웠습니다.

키조 그림책의 고향

키조 그림책의 고향(木城えほんの郷)은 미야자키 현(宮崎県)의 사면이 숲으로 둘러싸인 24,000㎡의 부지에 위치하고 있다. 일본과 해외의 그림책과 그림책 원화를 수집·전시하고 있는 미술관과 도서관의 요소를 겸비한 〈숲의 그림책관〉을 비롯, 숲의 책방과 숲의 커피숍이 있는 〈나무꾼관〉이 있다. 또한 매년 여름 북유럽 등 해외 극단의 공연이 열리는 〈숲의 연극 오두막〉, 가을 초승달 밤이나 보름달 밤에 한 번씩 콘서트가 열리는 〈물의 스테이지〉와 〈숲의 스테이지〉, 그리고 숙박시설인 〈숲의 산장〉이 있다.

지금 아이들이 있는 곳

 1990년대에 들어서면서 특히, 시대가 크게 변했습니다. 그러면서 '아이들과 젊은이들은 어디에 있는 것일까'를 생각했습니다. 왜 그런 생각을 했는가 하면, 주변에 있는 아이들과 젊은이들을 접하면서 걱정되는 것이 있기 때문입니다.

 여러분과 이 자리에서 함께 생각해보고 싶은 걱정거리이기도 합니다.

 '지금 아이들이 있는 곳'이라는 말에 이어서 제가 가장 강하게 느끼는 것은, '아이들이 무기력해하고 있다'는 것입니다.

아이들과 젊은이들은 무력함을 느끼고 있습니다. '무기력해.'라는 느낌이 자주 전해져요. 그런 편지를 받기도 하고요. 젊은이들은 그 무기력함을 어떻게든 채우려고 부모와 가족에게 큰 기대를 하면서 부모와 가족이 이 무기력함을 채워주길 바랍니다. 무기력함이 채워지지 않는 것은 부모와 가족이 부족하기 때문인 것 같지만, 부모와 가족을 향한 불만도 상당수 있습니다.

그 불만이 무엇일까 궁금해서 물어보니 자신의 불안과 무기력함을 채워주지 못하기 때문이라고 하더군요. 하지만 그것이 부모의 책임일까요?

문부과학성은 지금의 부모는 부적합하다, 가족의 교육 능력이 떨어졌다 등의 이유로 《마음의 노트》를 나눠준다고 말하지만, 저는 절대 그렇지 않다고 생각합니다.

부모들은 정말 잘하고 있고, 제가 젊었을 때보다 지금의 젊은 부모 쪽이 훨씬 똑 부러집니다. 아이들도 그렇습니다. 아이들의 마음이 위기라던가 아이들의 문제가 커졌다고 많이들 말하지만, 지금의 아이들도 무기력한 마음을 제외하면 현명하고 온순하며 정말로 믿음직스럽다고, 그런 걱정은 할 필요가 없다고 느끼고 있습니다. 이런 어려운 세상에서 부모들도 열심히 노력하고 있고, 대단하다고 여겨지는 부분이 많습니다.

하지만 부모나 아이나 살기 어려워진 것은 확실합니다. '어떻게 살아가면 좋을지 앞이 보이지 않아.'라는 아이들의 마음을 알 것 같습니다.

제가 걱정하는 것은 아이들과 젊은이들에게서 전해지는 '무기력하다.'는 마음입니다.

그 마음은 어디서부터 오는 걸까요. 부모와 아이가 살고 있는 사회, 그 배경의 상황적인 문제를 정확하게 살피지 않는다면, 앞으로 아이들과 마주할 수 없을 것입니다.

무기력한 아이들

아이들의 '무기력하다'는 메시지의 배경에는 다음의 네 가지 요소가 있습니다.

첫 번째는 자신이 버려지는 것은 아닐까 하는 무기력함입니다.

우리들의 생활 기반에서 소비사회는 엄청난 속도로 진행되고 있습니다. 어느 사이엔가 우리들은 '무엇이든 돈으로 산다. 선택해서 산다. 그리고 필요 없어지면 버린다.'는 생활을 강요당하고, 그러한 흐름을 따르지 않으면 살아갈 수 없기 때문에 소비사회의 파도에 휩쓸려버린 것입니다. 소비사회라는 것은 '선택해서 사주세요. 다시 새로 사서 바꿔주세요. 낡으면 버려주세요.'와 같은 끔찍한 사회인 거죠. 젊은이들에게도 선택해서 사고 버리는 생활이 당연시되고 있습니다.

인간에 대해서도, 어딘가 그러한 심리가 영향을 주고 있다고 생각해요. '마음에 든 사람을 선택하고, 마음에 들지 않는 사람은 버려버린다.'처럼요…….

그것은 무관심과 따돌림이라는 문제가 언급되기 시작했을 무렵부터 존재했다고 생각하는데요. 필요한 사람과 필요 없는 사람, 친구가 되고 싶은 사람과 사귀고 싶지 않은 사람, 이렇게 깔끔하게 나누어버립니다.

이런 풍조는 아이들과 젊은이들을 매우 불안하게 만들고 있는 것 같아요. 왜냐하면, '내가 계속해서 선택될 것인가, 버려지는 것이 아닐까, 나를 선택해주는 사람이 있을 것인가, 지금 선택받더라도 앞으로는 괜찮은 것인가'라는 소비사회적인 생각을 하고 있기 때문이에요. 그런 불안이 기반에 있는 것 같거든요.

저는 휴대전화를 챙기는 것이 익숙지 않은데요. 이번에 키조에 올 때도 "거기는 전화가 없으니까 휴대전화를 갖고 가는 게 좋을거야." 라고 남편이 말했지만 '고작 하루 이틀 정도는 연락 안 해도 되는데.'라고 생각했어요. 그래도 '갖고 가야지.'라고 생각했지만 역시나 깜박 잊어버렸을 정도로 휴대전화를 싫어합니다. 잠깐 다른 사람과 연락이 되지 않더라도 불안하지 않은 시대에 자랐기 때문이죠.

젊은이들이 전화를 휴대하고 있는 것을 보면, 자신에게 연락을 해주지 않을까 하는 마음에 쫓기고 있는 것처럼 느껴져요. 타인에게 버려지지 않을까라는 무기력함도요.

그 배경에는 제어장치 없이 진행되고 있는 소비사회가 있습니다. 그 사회는 결코 순환하지 않아요. 버린 것이 땅으로 돌아가서 다시 돌아오는 게 아니고, 버리면 버린 대로 다시 새로운 걸 선택해서 사죠. 이것은 인간관에도 절대적인 영향을 줍니다. '계속해서 바꾼다. 부모조차 자신을 버리는 것은 아닐까.' 라는 불안을 안고 있을 거라고 생각하지 않을 수 없네요.

우리는 이 소비사회 속에 완전히 휩쓸려 사는 것을 자

문해야 합니다. 제가 말하고 있는 것은 도시 생활이라고 할지도 모르겠네요. 하지만 세계화(Globalization)라는 말이 보여주듯 이 지구를 뒤덮고 있는 전체화의 파도는 지역을 넘어서, 일본 전체 또는 세계를 뒤덮고 있다고 저는 생각합니다. 그렇다면 아마도 이곳 키조의 아이들이라고 할지라도 자신이 버려지는 것이 아닐까라는 시대의 공통되는 불안을 마음속 어딘가에는 갖고 있지 않을까 하는 생각이 드네요.

두 번째는 일상을 잃어버린 무기력함입니다.

새로 구입하고 버리는 생활로 인해 일상의 생활은 쇠퇴해버렸습니다. 즉 '구입하고 쓰레기는 버린다'는 것은 '만들지 않게 되었다'는 말이죠. 예를 들면 음식도 그렇습니다. 이 주변에 사는 분들은 그다지 편의점에서 음식을 사다먹지 않을 것 같지만, 도시에서는 혼자 사는 사람의 경우 편의점에서 사 먹는 게 오히려 저렴합니다. 편의점에 가서 주먹밥을 사와서 먹는다는 것은 '더 이상 만들지 않고, 사와서 그 자리에서 입에 넣는' 생활입니다.

혼자 살지 않더라도 편의점이나 슈퍼마켓에서 반찬을 싸게 사와서 밥만 지어먹는 가정도 많아지고 있고요.

그렇게 되면 일상생활은 '살아가는 것은 소비하는 것'이 되어버리고, 만드는 것 특히 공동 작업하는 일은 사라져 버립니다. 가족이 함께 살고는 있지만 무언가를 함께 만들거나 행동하거나 하는 일이 매우 적어지고 있어요. 그래서는 생활에 뿌리내리기가 어려운데 말이죠. 땅에 발이 닿지 않는 그런 상태를 만들고 있다고 생각합니다.

흔히 부모 자식 간에 대화를 하자고들 하죠. 학교에서도 대화를 하자고 합니다. 하지만 저는 대화하지 않아도 좋으니 함께 무언가를 하면 된다고, 함께 있으면서 무언가를 하는 것이 중요하다고 생각합니다.

대화를 한다는 건 물론 좋아요. 하지만 대화를 한다는 것은 상당히 어려운 일이에요. 어른은 대화를 하고 있다고 여겨도 아이 쪽은 설교를 듣고 있다고 생각하는 차이가 발생하기 쉽거든요. 누군가에게 들은 이야기인데, 아버지 쪽은 "우리 집에서는 아침에 15분, 매일 대화를 나누고 있습니다."라고 하는데, 아이는 뭐라고 말했느냐 하면 "우리 집에서는 매일 아침 15분, 아빠의 훈계가 있어." 라고 했답니다. '대화를 하자.'만으로는 이런 차이가 반드시 발생하는 거죠.

그렇기 때문에 대화라고 하더라도 자연스럽게 오갈 수 있는 관계, 무언가 함께 요리라도 만들면서 "얼마 전에 그건 맛있었어.", "이런 향신료를 조금 더 넣으면 어떨까." 같은 관계에서 파생되는 대화는 좋지만, "마주보고 대화해보자." 라는 것은 아이에게 즐겁지 않은 일이 될 수 있어요.

사람은 무언가를 함께함으로써 자신은 도움을 받고 있고 다른 사람과 이어져 있는 관계라는 걸 느낄 수 있어요. 대화만으로는 부족하죠. 말보다도 역시 무언가를 함께 만드는 것이 가장 확실합니다. 그럼에도 그러한 장면이 생활 속에서 사라져버렸기 때문에 위태롭다는 느낌을 받습니다.

우선, 음식을 만드는 것은 기본이기 때문에 가능한 한 음식을 만들어 먹으면 좋겠어요. 이 주변이라면 밭에서 작물을 키우고 수확해서 요리할 수 있으니 정말 훌륭하죠. 도시에서 살더라도 하다못해 식재료를 사다가 자신들이 만드는 것부터 부활시켜서, 예전으로 되돌아가야 할 것 같습니다.

정말로 아이들은 발이 땅에 닿지 않고 물에 떠내려가듯 무기력함을 느끼고 있습니다. '자신을 무엇에 붙잡아둘 수 있을까?'라는 불안감이 격화되면서 "무기력해." 라는 말이 나오는 것 같습니다.

세 번째는 앞이 보이지 않는 무기력함입니다.

심각한 사회상황인데요. 젊은이들은 흔히 "앞이 보이지 않는다."라고 말합니다. 무슨 뜻일까요. 아마도 '세계화'라는 말과 관계가 있을 것 같네요. 사람이 각자 따로따로 떠돌고 있어서 한 명 한 명 평가받고, 아주 극소수의 사람만이 선택받게 되는 것, 세계화란 그런 것 같습니다.

지역마다 단위가 있고, 눈에 보이는 생활을 하면, 모두들 어딘가 공통의 장소에 연관되겠죠. 그것은 생활이 보이고 현재도 보이고 미래도 보인다는 것입니다.

그런데 세계화 사회란 어떠한 사회인가 하면, 극소수의 최고 엘리트만 보이는 사회입니다. 스포츠를 예로 들면, 스즈키 이치로(鈴木一朗)나 마쓰이 히데키(松井秀喜) 같은 최고의 위치에 있는 사람들만 눈에 띄는 것이죠.(스즈키 이치로는 '안타 제조기'라는 별명이 있을 만큼 미일 통산 4000안타의 대기록을 달성했으며, 마쓰이 히데키는 2009년 일본인으로서는 메이저리그 월드시리즈에서 처음으로 MVP를 수상하였다. 우리나라의 추신수 선수 같은 인물들이다.-옮긴이)

아이들에게 "너도 이치로 선수처럼 될 수 있어."라고 말한다 한들 그것은 무리입니다. 지역에 있는 동네 야구팀에 뛰어난 투수나 포수 같은 선수가 있어서 '나도 저렇게 될 거야' 하는 생각으로 몰래 연습을 하는 상황과는 전혀 다르니까요.

사사키 켄(佐々木健賢)이라는 분은 세계화 사회를 '소귀나물 모양의 사회'라고 했습니다. 소귀나물은 끝이 가늘고 뾰족하고 밑은 토란처럼 동그랗게 뭉친 모양이에요.

소귀나물

즉, 소귀나물처럼 가늘고 뾰족한 끝부분은 엘리트가 차지하고 있고, 나머지 아래의 토란 부분에는 대부분의 사람들이 몰려 있는 것이죠. 그것이 세계화가 진행되었다고 말하는 사회, 지금 일본의 상황입니다.

스즈키 이치로나 마쓰이 히데키, 나카타 히데토시(中田英壽)(나카타 히데토시는 우리나라의 박지성 선수 같은 인물로 유럽 무대에서 대단한 활약을 펼친 축구선수이다.-옮긴이) 같은 최고의 선수는 눈에 보이지만, 자신의 모델이 될 수 없습니다. 감상하는 대상일 뿐이죠. 주변을 둘러봐도 자신의 모델은 쉽게 보이지 않습니다. 즉, 중간층이 사라져버린 것입니다. 평범한 생활이 사라지고 있는 것이죠. 그 속에서 앞이 보이지 않아요. 앞이 보이지 않는다는 것은 현재가 보이지 않는 것이기도 합니다.

젊은이들에게 앞이 보이지 않는다는 것은 매우 괴로운 일이겠죠. 요즘 '은둔형 외톨이(ひきこもり)'라고 불리는 사람들이 늘고 있습니다. 저는 그런 꼬리표를 무척 싫어하는

데요. 사람들은 은둔형 외톨이를 병이라고들 하지만 그렇지 않습니다. 어떻게 해야 될지 몰라서 우선은 가장 안전한 집 안에서 시간을 버티며 꼼짝도 않고 있는 젊은이들의 마음도 이해가 가니까요.

그런데 '은둔형 외톨이'라는 병명 같은 것이 붙고 특별 취급을 받게 되면, 그 사람들이 시대 속에서 공통적으로 가지고 있는 고통이나 고민, 그리고 무기력함은 단숨에 안 보이게 되죠. '은둔형 외톨이'라고 불리는 사람들이 느끼고 있을 마음은 어쩌면 모든 젊은이들이 공통으로 가지고 있을 것입니다. '세상으로 나가는 것이 무섭다. 세상에 나가면 엄격하게 평가를 받고 버려질지도 모른다.' 하는 공포, 불안, 무기력함 말이죠.

하지만 집 안이라면 온전히 안심할 수 있는 것일까요. 집 안이라도 부모가 평가의 눈으로 엄격하게 본다면 방에서도 나올 수 없겠죠.

어느 대학생의 보고서를 하나 가지고 왔습니다. 대학교 3학년 여학생이 이 무기력함의 배경을 이렇게 적고 있네요.

'우리들은 부모와 교사로부터 늘 평가의 시선을 받고 있으며, 말하자면 평가되어왔다. 그리고 나도 타인을 무심코 그런 시선으로 보게 되었다. 서로가 서로를 평가한다. 그것이 우리들 일상의 인간관계인 것이다. 그래서 생활 속의 당혹감과 고민을 해결할 방법을 일상생활 속에서 찾아내는 것은 불가능하다.'

고민이 있어도 서로가 서로를 평가하는 관계에서는 진심을 말하는 것이 불가능해요. 앞서의 '모성애'에 대한 이야기와 마찬가지로 사람은 "나도 그랬어." 같은 주고받음이 있어야 비로소 안심하는데, 그것이 젊은이들에게는 불가능한 것이죠. '만약 약점을 보인다면 자신을 얕보거나, 버림받거나, 상대해주지 않는 게 아닐까? 그리고 친구를 잃게 되는 것은 아닐까?' 하는 생각이 마음속에 있으니까요. 젊은이들은 자신들을 둘러싸고 있는 엄격한 평가의 눈 때문이라고 말하고 있는 것입니다.

여학생은 '만약 친구에게 약점을 보여서 하위로 평가받으면, 지금까지의 일상적인 관계조차 잃게 되는 것은 아닐까 하는 위기를 느낀다. 평가를 받는 인간관계 속에서 사람은 말을 잃게 된다. 안심하고 말할 수 있는 곳이 없다.'라고도 적었습니다.

학교의 평가라는, 이 엄격한 평가는 오랫동안 계속되어 왔죠. 세계화의 파도 속에서 화살촉 모양 또는 염교(쪽파 뿌리보다 더 뾰족한 모양의 백합과 여러해살이풀로 락교라고도 한다.—옮긴이) 모양의 사회 속에서 최근에는 점점 더 능력이 있는 자와 없는 자를 노골적으로 구분하고 있습니다. 예전의 사회는 염교 모양이 아닌 마늘 모양으로 두루뭉술했지만 염교 모양의 경쟁사회 속에서 젊은이들은 안심할 수 없습니다. 사람에게 진심을 말할 수 없고요. 그들이 말을 잃어가는 이유를 알 것 같네요.

염교

이번에 '키조 그림책의 고향'에 오기 전, 모리 이치요(森一代) 씨가 《초록의 요람みどりのゆりかご》이라는 작은 책자를 보내주셨습니다. 그 안에 가와미나미(川南) 중학교를 졸

업하고 현립 고등학교 수산연구소라는 곳에 들어간 열여섯 살 소년의 이야기가 있었습니다. 소년은 아버지처럼 어부가 되기를 바랐습니다. 배를 타게 되면 망가진 곳을 스스로 수리해야 하기 때문에 목수 기술도 배우고, 나무를 다루는 일이나 밧줄을 묶는 방법 등을 익혀서 아버지와 함께 물고기를 잡는 어부 생활을 꿈꾸었습니다. 그 꿈을 위해 진학을 한 것이죠.

저는 이 내용을 읽고 소년은 정말이지 일본에서 매우 드물게 혜택을 받고, 행운을 손에 넣은 아이라고 생각했어요. 소년에게는 현재가 뚜렷하게 보이니까요. 미래가 보이기 때문에 현재가 확실하다는 이야기죠. 행복한 일입니다.

요즘 젊은이들은 미래가 보이지 않아서 안심하고 살아갈 수 없는 것입니다. 미래가 보이지 않는 지금의 세상에서 젊은이들이 "앞이 보이지 않아, 무기력해."라고 말하는 것은 당연한 이야기라고 생각해요. '그런 아이들과 우리 어른들은 어떻게 살아가야 할까?' 지금 다시 되묻고 있는 것입니다.

어쨌든, 오늘을 함께 만들어가는 것에서 시작하지 않으

면 안 된다고 생각합니다. 식사를 함께 만드는 것, 거기서 출발해도 좋습니다. 그러한 것이 중심인 현재가 확실히 있다면, 이 현재를 겹겹이 쌓아간다면, 확실한 미래가 있을 테니까요.

젊은이들은 매우 날카롭게 미래를 감지합니다. 앞에서도 말한 염교 모양을 한 한 줌의 엘리트와 그 밖의 대중이라는 사회 속에서 자신이 어떻게 살아가면 좋을지 고민하고 있기 때문에, 현재가 없다면 미래도 없는 상황 속에서 얼마나 괴로워하고 있을지 가늠할 수도 없습니다.

앞에서 이야기한 어부를 꿈꾸는 소년의 행운, 지금은 이런 인생을 손에 넣을 수 있는 것이 행운이고, 젊은이들이 이 이야기를 듣는다면 분명 좋겠다고 말하겠죠. 지금은 그런 상황이라고 생각합니다.

한마디로 말하자면 능력주의가 매우 격화되었다고 할 수 있겠죠. 하지만 불안해해도 대책이 없으므로 침착하게 아이들과 함께 살아갑시다. "괜찮다."고 말하며 도망치지 않고 어른이 아이와 함께 동무로 살아가는 것 이외에 방법이 없으니까요.

네 번째는 스스로를 의지할 수 없는 무기력함입니다.

제가 가장 걱정하고 있는 부분인데요. 언제까지나 아이로 있으라고 하는 사회, 좀처럼 어른이 될 수 없는 사회가 되었다는 것이죠. 이것은 '유년기가 장기화 되었다.'는 식으로도 표현할 수 있습니다. 뭐, 어른이 오래 살게 되었기 때문이기도 한데요. 오래 살게 되었기 때문에 아이를 언제까지나 아이로 두고 싶다고 생각합니다. 아이는 아직 아무것도 할 수 없고, 아직 한 사람 몫이 아니라고 생각하고 싶은 거죠.

이 유년기의 장기화가 시작된 지도 꽤 오래되었습니다. 예를 들면 중학생은 아직 어른이 아닌 어린아이 취급을 합니다.

저는 작년까지 대학에서 강의를 했는데 매년 대학생들에게 물었습니다. "자신이 어른이라고 생각하나요? 아이라고 생각하나요?"라고요.

저는 당연히 대학생은 어른이라고 생각합니다. 사실 열세 살쯤 되면 어른이라고 생각하는데요.

제 아이가 열서너 살이 되어 부모인 저와 시선이 비슷하게 되었을 때 '이 아이는 일할 시기가 되었구나.' 생각했답니다. 무조건 그런 생각이 든 거죠. '이 아이는 일할 때가 되었고, 정말로 일을 하면 되겠구나. 지금이 딱 일할 수 있는 때구나. 그런데 이 녀석은 아직도 학교에 가는 건가?'라는 기분이었습니다.

열서너 살이 되면 눈높이가 어른과 같아질 만큼 키가 자라고 아이를 낳을 수 있는 신체가 되지요. 여자아이라면 생리가 시작되고 남자아이라면 몽정을 해요. 그렇다면 어른이 아닐까요? 왜 아이라고 할까요? 저는 그걸 이해할 수 없습니다. 열서너 살부터는 어른이 될 떡잎이라는 표식, 즉 초보 어른이니까요. 그건 의심할 여지가 없습니다.

대학생이 설마 자신을 아이라고 생각하지는 않겠지 싶어서 20년쯤 전에 처음으로 그런 질문을 했는데요. 그랬더니 반 정도의 사람만 어른이라는 쪽에 손을 들었어요. 하지만 저는 "여러분을 어른으로 대할 생각이니 잘 부탁해요."라고 했습니다.

그때 반 정도밖에 손을 들지 않았던 것이 마음에 걸렸는데, 몇 년 전에는 손을 든 사람이 30퍼센트밖에 안 되었습니다. 자신을 어른이라고 느끼고 있는 대학생의 비율이 점점 줄고 있는 것이죠.

작년에 같은 질문을 했을 때는 이게 웬걸 한 명도 손을 들지 않았어요. 지금의 대학생은 모두 자신을 아이라고 생각하고 있는 거예요.

또한 작년에 처음 경험했던 일인데요. 대학생이 "우리들 학생은."이라고 말하더군요. 저는 '뭐?'라고 제 귀를 의심했어요. '학생'의 기분이라는 뜻이겠죠. '좀 적당히 하지. 더 이상 상종할 수 없구나.'라고 생각해서 학교를 그만둔 건 아니고요……. 귀가 잘 안 들리게 되고, 체력도 떨어져서 대학교 강의를 그만두게 되었지만, 그때는 '아, 이건 내 생각이랑 너무 달라서 안 되겠는걸.'이라고 생각했을 정도입니다.

왜 그들이 그렇게 된 걸까요. 당연히 그건 주변에서 아이 취급을 받기 때문이에요. 여전히 "너는 아직 어른이 아니야."라는 말을 듣고 있으니까요.

교토에 사는 무라세 마나부(村瀨學)라는 제 지인이 있는데요. 아동문화론을 전공하고, 《13세론13歲論》이라는 저서를 집필했어요. 저는 이 책을 무척 좋아하고 공감하는데요. 어떤 내용인가 하면, 저와 마찬가지로 '열세 살부터는 어른이다. 열세 살부터 열여덟 살까지는 어른 떡잎의 표식이고, 어른이지만 어른 초심자용 법률인 '청년법'이라고 하는 것을 별도로 정한다. 하지만 아이와 어른의 구분법에서는 열세 살부터를 어른이라고 한다.'라는 내용을 반복해서 말하고 있습니다.

아동문화론을 하시는 분이라, 아동문학 중에서도 열세 살을 주인공으로 하는 이야기가 많이 있다고 말씀하셨는데요. 저도 '열세 살에게는 엄청난 힘이 있다.', '열세 살은 파워가 폭발하는 연령이다.'라고 생각합니다. 신체가 어른이 되니까 그 파워가 가득 차오르는데 열세 살 이후를 아이라고 하는 것은 너무한 거죠.

예를 들어 '《로미오와 줄리엣》의 줄리엣이 열세 살, 《15

소년 표류기》의 대장도 열세 살로 자신들이 법을 만들어서 살았다.', '법을 만든다는 것은 역시 어른의 발상이다.', '《산쇼다유山椒大夫》의 안즈와 즈시오도 열세 살이었다.', '애인을 농락하는 《롤리타》의 소녀도 열세 살로 설정되어 있다.'라고 무라세 씨 책에 나와 있습니다.

또한 카도노 에이코(角野榮子) 씨의 《마녀 배달부魔女の宅急便》속에는 이런 서술이 있습니다.

'인간과 마녀가 결혼해서 태어난 아이가 여자아이인 경우 대부분 마녀로 살아가는 것이 일반적이었습니다. 하지만 가끔은 그걸 싫어하는 아이도 있기 때문에 열 살이 지났을 무렵, 스스로 결정하게 했습니다. 만약 마녀가 되겠다는 결심이 서면 엄마에게 가르침을 받고, 열세 살이 되는 보름달 뜨는 밤을 선택해 독립합니다.'라고요.

역시 열세 살이 된다는 것은 여행을 떠나는 시기라는 거겠죠.

이곳 '키조 그림책의 고향'에서는 '열 살의 나 홀로 여행'이라는 기획을 매년 실시하고 있는데요. 저도 그 발상에 매우 공감합니다. 부모가 아이를 보듬는 관계는 열 살 정도까지라는 게 저의 생각이기도 하고요.

 요즘은 열다섯 살까지는 초등학교, 중학교에 가고 열여덟 살까지는 고등학교, 그 이후에도 대학이나 전문학교에 가서 "우리들 학생은……."이라고 열두 살 수준으로 말하곤 합니다.
 이건 유년기가 길어지면서 생긴 불행입니다. 유년기가 길다는 것은 자신들이 선택해서 그렇게 되었다기보다, 어른이 "너는 아직 어른이 아니야. 좀 더 공부해야 해. 어른이 되기엔 아직 부족해."라고 계속 말해왔기 때문이라고밖에 할 수 없습니다.
 이걸 '무기력함'이라는 키워드와 결부시키면, '자신에게 의지할 수 없고, 아직 한 사람 몫의 어른이 아니기 때문에 스스로에게 의지하는 것은 불가능하다.'는 것이죠. 진짜 괴로울 거예요. 자신은 부족하고, 아직 미완성이라면 이렇게 무기력할 때 어떻게 해야 할까요? 앞에서도 말했듯이 부모에게 "나를 지켜줘, 나를 편안하게 만들어줘, 나를 만족시켜줘."라는 과잉의존 이외에 남은 길이 없을 겁니다.

요즘 젊은이들과 이야기를 하다보면 어째서인지 "가족, 가족."이라고 말하는데요. 아는 분이 대학생들에게 그림책 《파랑이와 노랑이Little Blue and Little Yellow》의 감상을 적게 한 결과, 많은 학생이 '부모에게 보살핌을 받고 싶어 하는 내용의 그림책이다.'라고 적었다는군요. 그분은 《파랑이와 노랑이》를 그런 식으로 읽는구나 생각해서 깜짝 놀랐다고 합니다.(레오 리오니의 책,《파랑이와 노랑이》는 서로 다른 존재에 대한 이해와 우정에 관한 책이다.-옮긴이)

가족에게 기대고 싶어 한다고 부모가 아이의 모든 걸 채워주는 건 불가능하죠. 부모 또한 자신의 인생을 사는 데 벅찹니다. "아이들아 열세 살부터는 힘차게 살아가주렴. 우리 서로 격려하면서 함께 가자."라는 자세가 정체된 상태, 그게 현재 아이들의 '무기력함'과 결부되어 있는 것입니다.

지금 어른이 할 수 있는 일

지금까지 아이들이 무기력한 이유에 대해 이야기했습니다. '자신이 버려지는 것은 아닐까 하는 무기력함', '일상을 잃어버린 무기력함', '앞이 보이지 않는 무기력함', 그리고 '스스로를 의지할 수 없는 무기력함'에 대해서요.

지금 아이들이 이런 생각으로 살아가고 있다면 우리 어른들이 시작할 수 있는 일은 무엇일까요?

1. 아이 취급하지 않을 것

가장 간단하게 할 수 있는 일은 오늘부터라도 내 아이

를 아이 취급하지 않는 것입니다.

　열세 살부터는 근본적으로 이미 한 사람의 어른이에요. 물론 부모는 인생 선배이니까 여러 가지 체험을 들려주거나 의견을 말하거나 할 수 있겠죠. 하지만 어른은 오랫동안 살아오면서 알 수 없게 되어버리거나 잊어버린 게 참 많아요. 오히려 잃어버린 것이 많죠. 저는 젊은이들과 교류하면서 오래 살다보면 얻는 것도 있지만 그만큼 잃는 것도 있다고 항상 생각한답니다. 아이들은 아직 어리기 때문에 그 잃어버린 것을 갖고 있습니다. 그렇게 보면 부모와 아이는 피차일반이에요. 그렇게 많은 것을 모두 손에 넣을 수는 없어요. 계속해서 들어오면 버리게 되고, 넘치게 됩니다. 저는 얻은 만큼 잃고 있다고 생각합니다. 우리가 잃어버린 것을 아이들은 갖고 있는 것이죠. 부모와 아이 모두 마찬가지이니 얻은 것과 잃어버린 것을 맞추면서 서로 배우며 살아가는 것은 즐거운 일이라고 생각해요.

　그리고 오랫동안 아이 취급을 하지 않아야 합니다.

　어른이 왜 오랫동안 아이 취급을 하는가 하면, 첫째는 상대를 지배하고자 하는 지배욕 때문입니다. 나쁘게 말하면 '아이를 내 마음대로 하고 싶다. 내 말을 듣게 만들고 싶다.'라는 것이죠. 인간의 지배욕이란 업보와도 같은 골 칫거리예요.

제가 꽃 가꾸는 걸 좋아한다고 말씀드렸는데요. '이 꽃을 반드시 피우고 싶다.'는 생각으로 주변의 잡초를 말끔히 뽑기도 하고, 정말로 화단을 관리하고 지배해서 생각대로 꽃이 피게 만들려고 하죠. 이 또한 '식물에 대한 지배욕이구나.'하고 절실히 느낀답니다. 식물은 참아주고 있는 거고요.

그런 업보와도 같은 지배욕이 인간을 향한다면 그 대상이 되는 쪽은 힘들 거예요. 부모가 권력을 가지고 있고, 경제권을 잡고 있기 때문에 아이는 맞설 수 없죠.

아이는 계속해서 일하고, 아르바이트를 해서 제 돈을 갖는 게 좋습니다. 그러면 조금은 자유로워지거든요. 여자들도 그렇지 않나요? 내 돈을 갖고 싶으니까 일하고 싶다고 생각하는 것 같은데요. 저는 지금의 사회에서 그것은 정당한 것이라고 생각하고, 아이들 또한 다를 게 없다고 생각합니다.

아이 취급을 하려는 또 하나의 원인은 부모 자신의 존재를 증명해주길 원해서일 거예요. '나는 부모다' 하고 자신을 증명하고 싶은 마음이 있어서가 아닐까요?

아이에게 "아직은 안 돼."라든가, "내가 없으면 안 돼." 같은 관계는 아이가 스스로를 믿을 수 없고, 자신감을 가질 수 없고, 자신에게 의지할 수 없는 가여운 상태를 만들어냅니다. '불효자식'이 아니라, '나쁜 부모'가 되어버리는 거죠.

지금까지 말한 것처럼 '지금 아이들이 있는 곳'을 생각할 때, 무기력함을 안고 있는 아이와 젊은이의 배경에는 만족을 모르고, 살아가는 것은 소비하는 것이 되어버린 소비사회가 있습니다. 정말로 심각한 문제죠. 그리고 무언가를 함께하는 공동작업의 쇠퇴, 생활감 상실의 문제, 능력주의 사회의 격화, 유년기의 장기화 등 여러 원인들이 있습니다.

그 밖에도 많은 원인이 있을지 모릅니다. 사실은 아이

들이나 젊은이에게 "어떻게 생각해?"라고 물어보고 싶습니다. "아니에요, 그건."이라고 대답할지도 모르고, "제일 중요한 걸 놓치고 있어요."라고 말할지도 모르죠. 그런 걸 가지고 아이들, 젊은이들과 솔직하게 대화해보고 싶습니다. 아이는 나란히 걸어가는 동무이니까요. 나란히 서서 함께 배우는 그런 동무요. 앞서 말했듯이 어른이 잃어버린 것을 아직 갖고 있으면서 어른이 가진 것을 갖고 있지 않은, 피차일반의 관계에서 함께 지혜를 쌓아가는 것이 지금, 아주 중요합니다.

2. '인연'을 맺다

오래된 말이지만 '인연'이라는 말이 있습니다. 아이나 젊은이나 어른은 어떤 인연이 있어서 만났습니다. 특히 부모와 자식은 신기한 인연으로 만난 거라고 생각해요. 저는 곧잘 생각하는데요. '어째서 이웃의 아이가 아니라 이 아이가 내 아이일까?'를 생각하면 그것 참 신기한 일입니다. 이 넓고 넓은 우주 속에서 우연의 인연이라고밖에 말할 수 없는 것입니다. 가게에서 구입한 것도 아니고, 선택한 것도 아니고, 주어진 것입니다. 이런 인연은 소비사회 속에서도 결코 사고팔고 할 수 있는 게 아닙니다. 아이가 부모는 나를 버리지 않는다고, 진지하게 언제까지나 함께 해줄 것이라고 생각할 때 이들은 무엇과도 바꿀 수 없는 신기한 인연으로 만난 사이가 되는 것입니다. 버려질 이유가 없는 것이죠.

저는 "이런 일, 저런 일 있어도 부모 자식 간 인연이라는 건 계속 이어지는 거야."라고 확실하게 이야기해주고 싶습니다. 부모 자식뿐만이 아닙니다. 예를 들면 이 '키조 그림책의 고향'에서 만난 아이들이라든가, 제가 대학에서 만났던 젊은이들은 정말로 신기한 인연으로 만난 거죠. 이곳 키조에서 만난 분들도 왜 하필 오늘, 여기에서 만났을지 생각해보면 정말로 신기한 인연이고요.

저는 이 인연을 소중히 생각하는 것이 지금의 소비사회 속에서 저항할 수 있는 하나의 경계가 되지 않을까 생각합니다.

무슨 말인가 하니, 식상한 말일 수도 있지만 사람을 소중히 생각하자는 겁니다. 사람을 소중히 여기고 생활을 소중히 생각하자는 거죠. 아이들에게 그렇게 말해줄 수 있는 생활을 실현하고 싶습니다.

3. 익숙함

또 하나, 인연과 마찬가지로 인간의 존재를 자리매김하는 것에 '익숙함'이라는 말이 있습니다. 매일 똑같은 일을 반복하며 익숙해져간다는 것은 사람을 정착하게 하는 중요한 요소 중 하나이죠. 쳇바퀴 돌 듯 바뀌지 않습니다. 매일 지루한 것 같아도 안정된 생활을 반복해가죠. 무언가에 익숙해지고, 집에 돌아오면 안심하게 되는 건 익숙한 장소이기 때문이에요.

지금처럼, 예를 들어 학교에서는 학급을 해체하고 학습 능력 수준에 따른 반 배정을 추진하거나 소비사회에 맞춰 여러 가지 선택 수업을 늘려가도 되는 걸까요? 자신의 취향에 따라 수업을 선택하고, 교실이 계속 바뀌는 건 아이가 정착하지 못하게 한다고 생각합니다. 아이에게는 역시 익숙한 장소가 필요해요. 학교에도 익숙한 교실이 있고, 친구가 있고, 본인의 책상이 있다는 게 중요하니까요.

어느 대학생이 그러더군요. "우리 반은 꼭 필요해요. 내 책상이 있으면 거기서 안심하고 잘 수 있으니까요." 농담 섞인 말이지만 안심하고 있을 수 있는 익숙한 자리나 학급, 친구, 이런 건 매우 중요합니다. 그렇기 때문에 집이나 지역이나 학급, 그런 것을 소중히 생각한다는 것은 자신의 생활을 좋아하게 되고, 소중히 생각하게 되는 것과 연계되는 것입니다.

나가며

 요즘 국가에서는 '부모도 교육 능력이 떨어졌다. 아이들에게는 애국심이 없다.'라며 애국심을 키우기 위한 도덕책 《마음의 노트》를 모든 초등학생, 중학생들에게 배포했죠. 또한 국가가 교육에 간섭하지 않는다는 제한을 주장해온 교육기본법을 바꿔야 한다고 말하고 있어요. 하지만 저는 자기 지역이나 국가, 자신의 장소를 사랑할 수 있으려면 그런 식으로 위에서 각인시키는 것이 아니라 익숙해지는 게 중요하다고 생각합니다. 그것이 충분히 보증되지 않는다면 애국심이건 뭐건 없다는 것이죠.

아이들의 현재 생활을 소중히 생각해야 합니다. 그리고 아이들이 "장래가 보이지 않아. 앞이 보이지 않아."라고 말할 때 우리들이 할 수 있는 일은 우선, 현재 할 수 있는 곳에서 가능한 한 많이 아이와 젊은이들의 차례를 만드는 것입니다. 기회를 만드는 거죠. 거기서 아이들은 현재를 손에 넣을 수 있는 것입니다. 기회가 있다면 분명 아이들은 도움이 되고 환영받을 수 있는 존재입니다. 도움이 되는 자리를 거듭해서 만드는 데 미래가 있다는 생각이 들어요. 현재의 기초 다짐을 중요하게 생각하는 것이죠.

되풀이해서 말하고 있지만, 무엇보다 중요한 것은 부모와 어른들이 "중학생부터는 이미 한 사람 몫의 어른이야. 세상으로 나와보렴. 세상에는 여러 가지 힘든 일도 있지만, 아직은 괜찮은 곳이야. 너는 아직 어리고 앞으로 다양한 사람을 만날 수 있으니까……."라는 격려의 메시지를 보내고, 망설임 없이 세상 속으로 내보내는 것입니다.

이곳 키조에는 새가 정말로 많은데요. 이제 곧 어린 새가 보금자리를 떠나기 시작하는 시기네요. 보금자리를 떠날 때 어미 새가 아기 새를 혼내면서 날게 만드는 걸 본적 있으세요? 마치 "빨리 가거라."나 "애야, 우물쭈물하지 마."라고 말하는 듯한 울음소리를 내면서, 아기 새를 날게 하죠. 처음에 아기 새는 무서워서 벌벌 떨지만, 과감하게 날아서 어미 새로부터 멀어져갑니다. 동물에게서 배우는 것도 참 많아요.

아이들은 지금, 세상 속으로 들어가는 걸 두려워하고 있습니다. '무기력함'이라는 말이 나타내고 있듯이 요즘 아이들과 젊은이들은 겁쟁이가 되어버렸습니다. '겁쟁이'라는 말이 시대의 키워드가 아닐까라는 생각까지 드는데요. 그 이유는 어른도 겁쟁이가 되었기 때문이죠. 어른은 나이를 먹어버렸고, 빠르게 흘러가는 세상이 두려울지도 모릅니다. 하지만 젊은이에게는 힘이 있습니다. 열세 살은 힘이 가득 차서 넘칩니다. 아이들을 점점 사회로 내보내고 "괜찮아, 나가봐. 분명 재미있을 거야."라는 조금은 대담하면서도 낙천적인 메시지를 보내고 싶습니다.

서두의 '어머니날' 이야기로 되돌아가면, 역시 어머니라는 역할에만 만족하고 오랫동안 어머니로만 살아서는 안 될 것 같습니다. '어머니날'도 그 자체로 좋지만, 동시에 자신의 생일을 소중하게 여기면서 부모는 자신의 인생을 아이라는 동무와 함께 힘차게 나아가야 하는 거죠.

  그것이야말로 지금 이 시대의 아이들과 젊은이들에 대한 어른의 최고 호의가 아닐까 생각합니다.

제 2 장
동그라미를 만들자

그림책으로 놀자

제 경우 아이와의 생활을 생각할 때 그림책의 즐거움에 대해 이야기하지 않을 수 없습니다. 그림책을 매개로 아이와 교류하는 세계는, 아이와 가장 가까이에 있는 부모로서 느낄 수 있는 묘미였습니다.

그림책이 좋아진 것은 아이보다 오히려 부모인 제가 먼저였는데요. 처음에 좋아했던 책은 마쓰타니 미요코(松谷みよ子)의 《까꿍놀이いないいないばあ》,《웃는 얼굴いいおかお》두 권이었죠. 한 살 정도 된 첫째 타로를 안고 이 책을 읽어주니 아이는 까르르 웃으며, 더 읽어달라는 듯이 재촉을 해

마츠타니 미요코 지음
《까꿍놀이 いない いない ばあ》
도신샤

와타나베 시게오 지음, 야마모토 타카 그림
《소방차 지푸타 しょうぼうじどうしゃじぷた》
후쿠인칸쇼텐

요. 반복하고 반복해서 열 번을 읽죠. 그래도 아이나 어른 모두 전혀 싫증나지 않아요. 말의 장단도 흥겹거든요. '읽어주다.'라는 단일 방향이 아니라 읽는 사람은 듣는 사람에게서 즐거움을 얻고, 듣는 사람은 즐겁게 읽는 사람인 어른의 목소리와 행동을 받아들이는 그런 관계였지요.

이 두 권을 시작으로 그림책은 점점 늘어났어요. 아이와 같은 세상을 공유한 거죠. 어른과 아이의 접점에서 그림책은 형형색색으로 쌓였고 이야기와 그림이 펼쳐졌어요. 아이의 말이 늘면서 그림책을 읽는 제 목소리 사이에는 어느새 정해진 곳에서 아이의 추임새가 들어오게 되었어요. 그건 그림책을 읽는 우리들의 시간을 한결 즐겁게 해줬습니다.

둘째 지로가 가장 좋아했던 책은 《소방차 지푸타しょうぼうじどうしゃじぷた》였어요. 동네 소방서의 한쪽 구석에 항상 대기하고 있는 작은 지프의 이야기랍니다. 불이 날 때마다 사다리차와 펌프차는 출동하는데, 지푸타에게는 출동 기회가 없죠. '지푸타는 '나도 큰 빌딩의 불을 끌 수 있어!'라고 생각합니다. 하지만 정작 빌딩에 불이 났을 때 소장님은 지푸타에게 "출동해!"라고 말해주지 않는 것입니다.'라는 대목에서 아이는 풀이 죽습니다. "출동해!"의 의미가 뭔지 몰라도 지푸타가 매우 아쉬워한다는 것을 충분히 이해하는 것이죠.

조금 더 뒤로 가면 산속 오두막집 화재 대목이 있습니다. 사다리차도 펌프차도 길이 좁아서 갈 수 없어요. "좋아, 지푸타. 부탁한다!" 여기가 클라이맥스랍니다. 언제부터인지 이 부분이 되면 둘째가 "아, 말해줬어!"라고 외치게 되었어요. 매번, 항상, 반드시 말이죠. 그 추임새가 들어오지 않은 적은 한번도 없었습니다. 그리고 읽는 사람인 저는 당연히 그 추임새를 기다렸다가 페이지를 넘기게 되었죠. 즉 그 추임새는 우리들의 《소방차 지푸타》 그림책의 일부가 되어버린 것입니다. 말하자면 우리들만의 그림책으로 말이죠.

처음에 아이의 "아, 말해줬어."라는 말의 의미를 바로 알 수는 없었습니다. 그러나 읽는 사람인 저는 언젠가부터 아이의 그 대사가 앞쪽 페이지에 있는 '소장님은 지푸타에게 "출동해!"라고 말해주지 않는 것입니다.'라는 대목에 대한 반응이란 걸 알게 되었습니다. 말해주지 않던 소장님이 마침내 "출동해!"라고 말해주었던 것입니다. 그래서 아이는 그렇게 말했던 거죠.

이렇듯 추임새가 더해져 그림책은 점점 우리들에게 즐거움이 되었습니다. 그림책은 한 권의 책이라는 존재에서 벗어나 움직이기 시작했습니다. 끝없이 펼쳐져 있는 것처럼 느껴졌어요. 멀찌감치 떨어진 곳에서 미니카를 갖고 놀며 함께 듣고 있던 첫째가 무심결에 "아~말해줬어!"라고 작은 목소리로 '자신들의 대사'를 넣어줍니다. 그걸 보고 다시 저는 유쾌해지고요.

이렇게 어느 사이에 추임새가 등장하게 된 그림책은 여러 권 있습니다. 《달마와 토끼だるまちゃんとうさぎちゃん》, 느긋한 첫째가 크게 공감했던 《곰돌이 푸クマのプーさん》가 그랬습니다. 추임새가 붙어서 '변형'된 그림책이야말로 반복하고 반복해서 읽었던 책입니다.

책을 읽으면서 저는 둘째가 '지푸타'와 자신을 완전히 동일시하고 있다는 것을 깨달았어요. 꼬마 지푸타와 꼬마인 자신, 유치원에 가는 형과 갈 수 없는 자신, 집을 보는 자신을 말이죠. "출동해!", "아, 말해줬어!" 읽고 있는 저는 참으로 즐거웠어요. 이제는 아이를 위해서가 아니라 오히려 제 즐거움을 위해서 읽고 싶었고요. "지푸타 읽을 건데."라고 밀어붙이는 거죠. 기대에 부응하는 느낌이 들면, '읽어주다'가 아닌, '읽겠습니다'의 모양새가 되어 있었습니다.

'읽겠다'라는 표현은, 읽는 사람이자 어른인 저에게 확실히 딱 들어맞습니다. 그림책을 아이에게 읽어주는 것은 어쩜 이리도 즐거운지요. 왜 그토록 읽고 싶어지는지요. 제 경우에 그건 표현의 즐거움과 겹쳐집니다.

마샤 브라운 그림
《염소 삼형제三びきのやぎの
がらがらどん》, 후쿠인칸쇼텐

《염소 삼형제三びきのやぎのがらがら
どん》라는 그림책이 있습니다. 아
이들에게는 무척 인기가 있는 책
이지요. 아들들도 예외는 아니었
습니다. 염소 세 마리가 다리를 건
너려고 합니다. 다리 아래에는 '데
굴데굴 눈알은 접시 같고, 돌출된
코는 부지깽이 같았다.'고 표현된 커다란 괴물 트롤이 살
고 있습니다. 부지깽이가 무엇인지는 문제가 되지 않습니
다. 말하자면 엄청난 코라는 거고, 중요한 건 리듬을 타는
거죠. "부지깽이가 뭐야?"라고 물어본다면 그림책의 리듬
이 단숨에 무너져버립니다. 듣고 있는 아이도 그걸 이해
하고 있습니다.

막내 염소와 둘째 염소가 다리를 건넌 뒤 덩치가 가장 큰
첫째 염소가 나타나자 트롤이 으르렁거려요. "좋다. 네 놈을
통째로 잡아먹겠다." 그러자 책장 가득 용맹스러운 염소의

모습이 나와요. "나다! 커다란 염소 우락부락이다!" 여기가 클라이맥스예요. 오케스트라로 말하자면 큰북이 울리는 포르티시모. 첫째 염소는 트롤을 박살내고 골짜기 계곡으로 밀어 떨어뜨립니다.

페이지를 넘기면 밝은 노란빛 산과 물빛 하늘이 눈에 들어옵니다. 온순한 염소들의 발걸음과 단 한 줄로 '그리고는 산으로 올라갔습니다.'라고 작은 글자가 적혀 있지요. 책을 읽고 있는 저는 갑자기 제 자신이 플루트가 된 기분입니다. 낼 수 있는 한 가장 맑은 목소리를 내고 싶은 거죠. "짠짠! 이야기 끝." 이쯤에서 목소리에도 기분에도 확실한 매듭이 지어집니다.

저는 책을 읽으면서 이런 생각이 듭니다. '결국 이것은 퍼포먼스(performance)의 즐거움이다.'라고요. 음색을 사용하고, 기분을 표현하며 읽을 기회는 어른이 되면 거의 없습니다. 그건 말하자면 '꼴사나운' 모습이니까요. 그러나 '연기하는' 건 즐겁습니다. 어째서인지 사람은 연령에 관계없이 연기하는 즐거움을 항상 갖고 있어요. 저에게는 익숙하지 않은 세상이지만 노래방 또한 분명 그 예가 아닐까요?

아이는 최고의 청중입니다. 책을 읽는 소리 사이사이에 들려오는 작은 한숨과 "좀 더! 한 번 더!"라고 앙코르를 졸라대는 열성이 그렇지요. 아이는 진지하게 듣고, 어른은 최대한 아이를 대접해주려고 해요. 아이가 기뻐할 수 있게 읽어주려고 하는 거죠. 그런 마음은 또한 듣는 사람에게 전해집니다. "엄마는 뭐 읽고 싶어?"라며 선택권을 주기도 하고요.

어른과 아이가 그림책으로 노는 세계에서는 '읽어달라'와 '읽어주다'가 마찬가지의 관계가 되어 서로를 대접하고 있는 것입니다. 그림책이 더할 나위 없는 교류의 도구로 어른과 아이의 세계에 이바지하는 것은 그러한 연유에서이죠.

그래서 '좋은 아이로 키우기 위한 교육적 그림책'이라는 발상은 그림책의 즐거움과는 무관하다고 생각해요. "여기에 뭐라고 적혀 있을지 말해보렴." 마치 지능테스트와 흡사한 그림책 '읽어주기 방법'은 그림책이 갖고 있는 의미와는 아무런 관계도 없는 것이 아닐까요?

그림책을 읽는 즐거움이 퍼포먼스의 즐거움이기도 하다는 의미에서 말하자면, '문장이 좋고 세련될 것'은 그림책의 절대 조건이에요. 좋은 말의 흐름이 아니라면 읽는 사람도 듣는 사람도 좀처럼 장단을 맞출 수 없으니까요. 그런 사실에서 봤을 때, 제 경험상 시간의 시련을 견뎌낸 옛날이야기 같은 구전이 압도적으로 좋습니다. 오키나와 민화를 재구성한 기마 히로시(儀間比呂志)의 《개구리 줄다리기 かえるのつなひき》를 그 예로 들 수 있어요. "소구야 타이코야 도라모 요도오시 키리린 폰폰 우찬토찬구찬구……." 왠지 모르게 이 부분이 마음에 들어서 저는 그 뜻도 모르면서 몇 번이나 읽어주었어요.

어른은 아이를 '키운다'고들 합니다. 그러나 어른과 아이의 관계는 그런 일방적인 것이 결코 아니에요. 언제라도 관계가 역전될 수 있는 계기가 있고, 어른이 그 가능성을 받아들일 준비가 되어 있다면, 아이는 언제라도 어른을 키우고, 대접하고, 지키기까지 할 준비가 되어 있는 것이 아닐까 생각합니다.

제 아이들이 험상궂은 남자어른이 되어 그림책과는 아

득히 오래전에 인연이 끊어져버렸기 때문에, 저는 때때로 시골에 있는 어린 조카들을 잡고서, "잠깐 책 읽어줄게."라고 말할 때가 있습니다. 책을 읽어주겠다고 일종의 강매를 하는 거죠. Y와 H 두 아이는 이 심심해 보이는 고모를 어떻게든 한번 대접해야겠다고 생각했는지, 어느 날 자전거를 세 대 구해와서는 2킬로미터 정도 떨어진 논 한가운데에 있는 자신들의 초등학교를 안내해주겠다고 했습니다.

"여기가 우리 교실, 쟤네 교실. 이건 오르간. 이 '참 잘했어요! 표'는 사실 전부 다 거짓말이지만요. 여기는 음악실이에요, 좋죠? 화장실도 있어요, 가볼래요? 조리실에는 사실 들어가면 안 되지만, 잠깐 보기만 해요. 새도 있어요. 연못도 있고요. 도서실은요, 책이 엄청 많이 있어요. 어떤 책이 좋아요?"

이 두 아이는 자신들의 학교를 안내하는 것이 최고의 환대라고 생각하고 있었습니다. 학교는 죽었다고들 말하지만, 아이들에게 학교는 자신들의 장소로 확실히 자부심이 있는 곳인 거죠. 모든 학교를 그러한 곳으로 만들면 좋겠어요. 그러기 위해서 '한 사람 한 사람의 어른이 할 수 있는 일은 무엇이 있을까, 어느 학교라도 어떻게든 즐거운 곳으로 만들고 싶다.'하고 두 아이의 환대를 즐기면서 저는 그렇게 생각했습니다.

아이와 어른, 줄지어 서는 작은 아이와 큰 아이, 젊은이와 나이든 사람, 서로 협력하며, 함께 즐길 수 있는 관계의 모습을 그림책의 세계는 가장 잘 보여주고 있다고 생각합니다.

《아이 차별의 사회子ども差別の社会》 수록.

심리학을, 왜 묻는가

 사람은 연령에 관계없이 자신에게 필요한 것은 스스로 가장 잘 알고 있습니다. 그건 제가 두 아이와 오랫동안 함께 살아오면서 전적으로 아이들에게서 배운 것이에요. 아마도 자신들에게 필요한 형편과 상황에 귀를 기울이고 더불어 살아가는 힘이야말로 생명체의 지혜이겠죠.
 각각의 꽃이 때를 만나 피어나듯 다양한 열매가 최적의 시기를 맞아 익어가듯 인간에게도 그때그때의 필연이 있어요. 키가 자라는 시기, 세상모르고 잠자고 싶은 계절, 활동기와 휴식기. 어떤 짐작할 수 없는 힘의 재량으로 인

해 아이도 어른도 각각 자신들의 시간을 살아가죠. 그런 일들에 너그러워지고 싶어요. 세상이 좀처럼 허락하지 않더라도 자신의 본성을 소중히 여기고 싶습니다.

심리학은 그런 마음을 응원하는 것일까요? 젊은 시절 심리학 관련 일을 직업으로 선택하고 30년 정도의 세월 동안 '전문가'와 '일반인'이라는 이중성을 안고 생각해왔어요. 편안하고 기분 좋게 함께할 수 있는 인간관계를 목표로 했고, 나 자신도 그러고 싶다고 바라면서 걷다보니 점점 심리학으로부터 멀어질 수밖에 없었죠. 편안해지기 위해 필연적으로 심리학으로부터 멀어진 만큼 저와 아이들, 친구들의 관계는 자유로워진 것 같아요. 그래서인지 지금의 저는 심리학이 사람의, 또한 사람들의 편안한 삶을 응원하지는 않는다고 생각합니다. 심리학은 무엇과도 바꿀 수 없는 보통의 삶을 소중히 여기려는 사람들의 편은 아니었네요.

1. 심리학 용어는 보급되지만

'발달'이라는 개념은 심리학의 특징 중 하나입니다. '아이의 바람직한 발달 모습', '훌륭한 발달의 힘'과 같은 말이 심리학 서적 특히 교육서와 부모를 대상으로 하는 계몽 서적에는 아로새겨져 있어요.

영유아검진 때 부모들은 의사에게서 바로 이런 말을 듣게 되죠. "우리 아이는 합격!", "다행이다.", "조금 늦는 것 같아.", "큰일이네!", "불안하네!" 등등 말이지요. 저는 요즘 세상을 '아이를 평가하는 사회'라고 부르고 있는데요. 그 평가를 위한 척도는 요람에서 무덤까지 아주 촘촘한 눈금을 바탕으로 준비되어 있는 것 같습니다. 아니, 요람에서부터가 아니라 지금은 태내 또는 그 이전부터가 되어 버렸죠.

인간을 평가하는 척도로 크게 기여하고 있는 것 중 하나가 심리학이죠. 예를 들면 발달심리학은 아이의 정신발달을 측정하기 위한 발달검사를 수없이 만들어왔어요. 그것들은 부모들을 협박하는 도구로 기능하면서 부모들을 완전히 사로잡아버렸죠. 한 예로 언어의 습득 단계를 나타낼 때 '이어문(二語文)'이라고 하는 표현은 얼마 전까지는 '전문가'들의 것이었어요. 그런데 지금은 이 말을 젊은 엄마들이 자연스럽게 사용한답니다. "우리 애는 요즘에 이어문을 말할 수 있게 되었어요."처럼 말이죠.

이런 '전문용어'가 전문가들 사이에서만 사용되는 것은 물론 좋은 일이 아니에요. 의학용 진료기록카드가 독일어로 적혀 있는 것은 권위주의를 따르고 있는 것이니까요. 정보공개의 사상과 실천이 진행되는 건 환영해야 하는 일이겠죠.

그렇다고 해서, 예로 들었던 '이어문'이 일상화되어 생활권으로 퍼져도 된다는 의미는 아니에요. 이어문이라는 말은 두 단어를 결합시켜서 말을 하는 것인데요. 즉 가치나 수준을 평가할 수 있게 되었다는 거예요. 그런데 그런 말이 일상생활에 넘쳐난다는 것이야말로 오싹한 상황이 아닐까요.

뒤에서 다시 말씀드리겠지만, '카운슬링'도 많이 알려진 말이 되었고, '반항기'라는 말은 말할 것도 없죠. '갱에이지(gang age, 집단행동을 활발히 하는 8~13세의 연령층.―옮긴이)'나 '퇴행', 심지어는 '모자분리'까지, 심리학 언어의 일상화는 일보 전진하고 있습니다. 언어는 항상 사상을 등에 업고 있기 때문에 이러한 현상은 우리들의 일상이 심리학이 담당하는 '평가 사상'과 '현상에의 적응기술'에 포박되어 가고 있다는 것을 의미한다고도 할 수 있겠죠. 정말 괜찮은 걸까요?

2. 바람직한 아이, 바람직한 인격

학교에 가는 것이 모든 문제의 원인인 아이들은 이 '평가의 일상'에 지쳐버린 것 같은 느낌이 들어요. 평가에는 경쟁이 따르고, 그것은 아이와 교사가 생활하는 장소인 학교를 한없이 숨 막히는 곳으로 만들어가니까요.

학교에 갈 수 없었던 초등학생 M양은 한때, "경쟁하는 건 싫어."라고 작은 목소리로 토로하듯 말했어요. 비교되는 일상, 바람직한 기준에서 거리를 재는 나날이었지요. 물론 평가 행위를 하는 것은 심리학만은 아니죠. 신체적 평가를 담당하는 의사는 '비만아'와 '장애아'를 만들었잖아요.

평가에 대한 사명감을 갖고 있는 교육 분야는 아이의 생활을 미세하게 숫자화하고, 서열화합니다. 아이를 둘러싼 그물코는 촘촘해지는 한편, 예전에는 슬쩍 빠져나갈 구멍이 있었던 거친 그물망은 이미 없어졌고, 전에는 쉽게 발견되었던 찢어진 구멍도 꼼꼼하게 수리되어버렸어요. 척도의 눈금도 작아지는 한편 최근에는 문부과학성의 '새로운 학력관(學力觀)'(지식과 기능 중심의 기존 학력관에서 벗어나 학생의 사고력과 문제해결능력, 개성을 중시하는 학습지도 방침이다. 그러나 기초, 기본을 경시하고 있어 학력 저하의 원인이 되고 있고, 의욕, 관심, 태도 등의 객관적 평가가 어렵다는 비판을 받고 있다.-옮긴이)이라는 이름 아래 아이의 의욕·관심·태도까지 평가의 대상이 되었습니다.

심리학이 제공해온 '바람직한 아이의 모습' 안에 '바람직한 인격'의 발달상이 있습니다. 앞에서도 언급한 갱에이지를 예로 들면, 열 살 정도의 아이들이 무리 지어 놀고, 집단의식을 형성하는 발달 단계라고 특징짓고 있어요. 그러나 사람은 제각각이고 아이들도 제각각이라 무리 지어 노는 것이 맞지 않는 아이도 있습니다. 어른이 그렇듯 아이도 북적거리는 집단을 좋아하는 아이가 있는가 하면 혼자 있어야 편해지는 아이도 있으니까요. '혼자만큼 북적거리는 건 없다.'라고 누군가 말했는데요. 이 말이 확 와 닿는 사람과 그렇지 않은 사람이 있을 겁니다. 그래도 괜찮잖아요. 사람의 성격은 제각각이니까요.

집단이 어색한 아이가 있다고 해도 그건 당연한 일이죠. 그리고 그 아이가 평생 그럴지 어떨지는 아무도 알 수 없어요. 다양한 아이가 있고, 사람에게는 다양한 시기가 있는 거니까요. 그런데 심리학은 이런 느긋한 사고방식을 늘 방해합니다. '집단적응능력' 같은 말이 등장하기도 하죠. 학교에 가는 것이 문제의 원인인 아이 중에는 혼자 있거나, 친구들이 하는 것을 옆에서 지켜보고 있는 것이 맞는 성격과 시기인 아이들이 상당수 있는 것은 아닐까요.

저는 심리학은 '발달 신앙'과 '지능 신화' 그리고 '인격에 대한 속박'을 탄생시켜왔다고 생각하기 때문에 심리학 용어가 퍼지고 있는 현상에 회의를 느낍니다. 반대로 제 관심은 심리학 용어를 다시 돌려보내는 가운데, 어떤 생활 모습과 인간관계가 새로 탄생될 것인가 하는 부분에 있어요. 그리고 그런 방향이야말로 해방의 길이라고 생각합니다. 이 이야기를 '카운슬링'에 입각해서 좀 더 살펴보죠.

3. 카운슬링 기술과 조작성

지금은 카운슬링이 유행하는 세상이라고 할 수 있습니다. 제가 오랜 시간 인연을 맺어온 대학에서도 "카운슬러가 되고 싶어서요."라며 임상심리학 세미나에 참가하는 사람들이 많아졌어요. 이전에는 "심리테스트나 카운슬링의 정체를 파악하고 싶어서요."라는 태도를 가진 사람들이 중심이었는데, 지금은 무언가를 생각하기 전에 우선 배우고 싶다는 태도를 가진 학생이 수적으로 늘고 있는 것 같습니다.

젊은이들뿐만이 아니에요. 중년 여성들을 중심으로 '페미니스트와 테라피(카운슬링)'라는 것이 성행하고 있죠. 어제 제가 속해 있는 사회 임상학회 주최로 '페미니스트와 테라피를 묻다'라는 심포지엄이 열렸는데요. 회장을 가득 채운 참가자를 보고서 이런 종류의 테마가 얼마나 사람들의 관심을 모으고 있는지 잘 알 수 있었답니다.

그럼 이쯤에서 세 가지를 생각해보겠습니다. 첫째, 카운슬링이란 어떠한 기법인가. 둘째, 카운슬링이란 과연 인간관계인가 아닌가. 셋째, 카운슬링을 넘어 우리는 무엇을 창출해야 하는가.

우선, 첫째로 카운슬링이란 어떠한 기법인가인데요. 입문서 등에는 '대화를 통한 자기발견이다.'라고 적혀 있어요. 즉, 말하는 언어와 그것을 듣는 상대가 있고, 그 안에서 '자기 나름의 해답'을 찾아가는 방법인 것이죠.

여기서 '자기발견'과 '해답'에 대해 생각해봅시다. 발견과 해답은 당연히 하나가 아니죠. 따라서 어떤 식으로 자기발견을 할 것인가, 어떠한 해답에 도달할 것인가가 문제입니다. 카운슬링은 설교와 훈계가 아닌, 내담자(來談者)가 자유롭게 자신이 납득할 수 있는 해답을 발견해가는 자리라고들 합니다.

그러나 전통적인 카운슬링 기법에는 사실 강한 조작성이 작용하고 있는 것 같아요. 상담하러 가는 사람은 부지불식간에 어떠한 방향성을 가진 해답을 향해가곤 하거든요. 그건 '자기반성 또는 현상 적응'의 방향이지 '현상 개선'의 방향은 아니에요. 즉, 상황을 바꾸는 것을 근본 의의로 여기는 방향이 아닌 자신을, 즉 마음속을 변화시키는 방향성인 것이죠.

일찍이 고등학생들의 상담을 맡아본 경험이 있는 나카지마 히로카즈(中島浩籌) 씨는 카운슬링의 이러한 기능을 '말의 전략적인 움직임'이라고 명명하고 있습니다.(《자기 교육능력과 카운슬링Ⅰ自己教育力とカウンセリングⅠ》,《사회임상잡지社会臨床雑誌》제1권 1호, 1993에 수록.) 나카지마 씨가 들고 있는 예를 차용해서 이 조작성에 대해 살펴보겠습니다. 이 예는 카운슬링 진행방법의 실제 예로 문부성이 발행한 지도자료집에 실려 있는 것입니다.

4. 약자의 반성과 강자의 면죄

중학교 3학년생인 S군은 수학 시험시간에 커닝을 했다고 수학교사 A에게 오해를 받았고, 그 후 그 교사에게 반항적이 되었습니다. 다음 시험에서는 백지 답안을 제출하는 등 관계가 악화되자 담임교사의 추천으로 교내 카운슬러의 카운슬링을 받았습니다. 처음에 학생은 "아무것도 할 말이 없다.", "말한다고 한들 쓸데없는 일이다."라고 저항하죠. 맞는 말이에요. 사건은 S군 혼자가 아닌, S군과 수학교사 A 사이에 발생한 오해이며 만약 카운슬러가 관계된다면, 당사자 두 사람이 서로 대화하는 곳에 입회하는 형태가 절차이겠죠. A교사는 당연히 S군에 사과해야만 하고요.

그런데 카운슬러는 S군하고만 대화하고서 "학생 스스로 딱히 말하고 싶지 않은 기분인 것 같네요.", "그냥 내버려뒀으면 하는군요."와 같이 S군의 마음에 초점을 두는 발언을 반복합니다. 그 속에서 S군은 점차 "맞아요. 요즘 수학 공부하기가 싫어져서……."라는 식으로 자신의 내면에 초점을 두기 시작합니다. S군 내면에 '내 마음을 이해받을 수 있다.' 같은 누그러지는 마음이 생기는 것입니다. 저는 이것을 '카운슬링을 통한 가스 빼기 작용'이라고 말하고 있어요. 자신과 상대의 관계를 변화시키거나 삶의 방식을 단련하기 위한 '화(怒)'가 달래지고 누그러져 현상 적응으로 방향이 잡혀가는 것이죠.

계속해서 살펴볼까요. 카운슬러는 말합니다. "A선생님에게 오해를 사고, 교무실에서 야단맞고, 어지간히 분했겠어요. ……담임인 Y선생님도 내 마음을 몰라줬다고, 그렇게 생각하죠?" 그 직후 S군에게서 "그때 솔직하게……."라는 반성적인 말이 나오는 것입니다. 바로 가스 빼기의 효력이죠. 그 후 다양한 화제를 거쳐 S군은 말해요. "네, 하지만 이제 괜찮아요. 이미 다 끝난 일이고……."

카운슬러는 되풀이합니다. "그래, S군에게는 끝난 일이고, 잊어버리는 편이 좋겠다는 거죠."(S군 자신은 잊어버리는 것이 좋겠다고 어디에서도 말하고 있지 않습니다). S군은 "이제 괜찮아진 것 같아요. 확실히 수학 공부는 내팽개치고 있었거든요. 음, 선생님과 이야기하면서 제 태도가 잘못되었다는 것을 알게 된 것 같아요. 역시, 제멋대로였나 봐요."

이렇게 해서 S군은 반성하고 A선생님은 면죄 받았습니다. 많은 카운슬러는 말할 것입니다. 너무나도 특수한 예를 들고 있다고요. 하지만 문부성의 지도자료에 성공의 예로 게재된 이 예가 카운슬링의 본질을 잘 보여주고 있다는 것은 다음과 같은 점에서 분명하다고 생각해요.

첫째, 상대의 말을 그대로 되풀이하는 것으로 자신을 받아들이고, 이해해준다는 기분을 갖게 하고, 자발적으로 이야기하는 환경으로 인도한다는 것이죠.

둘째, 상대가 이야기하고 있는 많은 말 가운데 '자신의 내면=이야기하는 주체'라는 부분에 초점을 두고, 상황 그 자체가 아닌 말하는 주체의 감정에 관심을 집중시키는 것이죠('~라고 생각하는 거군요.'와 같이).

셋째, 자유롭게 말하는 가운데 '듣는 사람(카운슬러)의 주체'와 문제로 하고 있는 '대상' 이 두 가지가 사라지고, 혼돈된 말은 깨닫지 못하는 사이에 정리되어 방향을 잡고 '자신의 내면'으로 이동해 집약되어간다는 것이죠.

나카지마 씨가 카운슬링에 대해 현상적응을 향한 '말의 전략적인 움직임'이라고 부르는 것은 이러한 내용을 포함하고 있는 것이라고 생각해요.

학교가 문제의 원인인 아이들의 고민에 입각해서 말하자면 '내가 갈 수 없는 학교'의 방향이 아닌 '학교에 갈 수 없는 나'의 방향에 초점이 맞춰지는 경우가 많다는 것을 미리 판별해둘 필요가 있어요. 물론 학교에 갈 수 없는 나에 초점을 맞추는 것도 중요하지만, 그것은 중요한 몇 가지 측면 가운데 하나이거든요. 그렇게 제지하지 않으면 어느 사이엔가 '갈 수 없는 나'만이 비대해져 카운슬링 기법의 함정에 빠져버릴 수 있어요. 만약 '갈 수 없는 학교'에 대해서도 많은 이야기를 할 수 있는 카운슬러라면 더 폭넓은 사람이라고 말할 수 있을지도 모르겠습니다.

5. 카운슬링이란 어떤 인간관계인가

다음으로 카운슬링은 과연 인간관계인지 아닌지에 대해 생각해보려고 합니다. 카운슬러에도 범위가 있기 때문에 일괄적으로 말할 수는 없지만, 인간관계가 아니라고 생각하는 쪽이 사실에 가깝습니다. 그렇다면 카운슬러란 무엇인가라고 한다면, 자신의 '어느 부분'을 클로즈업하는 독방 안의 거울이라고 할 수 있죠. 단, 확대경이기 때문에 그것을 전신이라고 착각하지는 말아야 합니다.

또한 거울은 인간이 아니므로 친하게 사귀어주지 않는다고 애원한들 어쩔 수 없습니다. 이 거울은 정해진 시간에만 열리고 시간이 되면 탁 하고 닫힌답니다. 대부분의 경우 1시간이죠. 마침 흥에 취해 자신을 비추고 있었다고 하더라도, 돈을 넣는 망원렌즈가 시간이 되면 안 보이는 것과 마찬가지이므로 실망하지 않아야 합니다. 즉 그 정도로 딱 잘라 '독방 안의 말하는 거울'로 생각해서 이용할 필요가 있어요.

단, 각각의 카운슬러에게 있어서 '거울의 비율'과 '인간의 비율'은 제각각입니다. 어디를 기준으로 하는가는 카운슬러가 카운슬링 장면을 떠나서(독방을 나가서) 어느 정도 어울릴 수 있는 사람인가 하는 데 있습니다. 자신에 대해 말하거나 직장 밖에서 즉 거리에서 어울리거나 할 수 있을지 어떨지에 달렸다는 말이죠.

학교 때문에 괴로움에 처한 아이와 부모의 모임에 한 사람의 인간으로 참가해줄 것 같은 사람이라면 더 이상 거울이 아니라 자연스러운 인간입니다. 그런 사람은 카운슬링·룸의 안팎을 구분하지 않을 것이고, 카운슬링 기법에 기대거나 하지 않을 것입니다. 즉, '거울의 비율'이 줄어든 인간에 가까워질수록 카운슬링은 자연스럽게 사라져버리고, 사람이 사람과 나란히 서서 함께 생각하는 당연한 모습으로 이동해가는 것입니다. 그리고 '거울'에서 '인간'의 방향으로 변하고자 갈등하는 카운슬러들도 분명히 있을 거라고 생각합니다.

6. 생활 속에서 인연을 맺다

두 살에 삼어문(三語文)으로 말하고, 여섯 살에 마름모를 그리고, 열 살 무렵에는 무리 지어 놀고, 어떤 학교라도 들어갈 수 있는 것이 당연하다는 듯이 심리학은 아이들에게 발달과제를 주고, 과제의 도달 정도를 재는 척도를 준비해서 심리테스트를 통해 평가하고, 거기에서 벗어난 사람을 '고치기' 위한 카운슬링의 기법을 만들어왔습니다.

그것들은 다양한 곳에서 각양각색의 수많은 상품을 만들어냈고, 생활하는 사람들은 많은 심리학 상품을 구매하는 소비자가 되어가고 있습니다. 심리학의 상품화는 왜 이렇게 급속하게 진행되었고 성공한 것일까요. 그것은 인간이 각각 독립화한 것과 깊은 관계가 있을 겁니다. 독립화뿐만 아니라 끝없는 경쟁에 노출되어 있는 것도 관계가 있고요.

낙오하지 않고, 가능하다면 타인과 차이를 두고자 하는 욕망에 심리학은 대답해주는 것처럼 보입니다. 그러나 이 욕망을 쫓기 시작하면 더욱 더 혼자가 되죠. 그리고 끝없는 악순환에 빠지게 됩니다. 외모를 아름답게 꾸미는 미용술(美容術)을 쫓는 공허함과 비슷할지도 모르겠네요.

심리학은 구제의 방법처럼 보이지만 사실은 아닙니다. 그러나 그게 사실이 아니라는 것이 좀처럼 보이지 않아요. 심리학의 겉모습이 매우 부드럽고, 인본주의적인 방식을 갖고 있기 때문이죠. 심리학의 위기는 여기에 있습니다.

그렇다면 편안한 해방으로의 길은 어디에 있는 것일까요? 그것은 생활 속에서 사람과 사람이 유대를 쌓아가는 착실한 노력 속에서 비로소 보이는 것이 아닐까요. 가닥가닥 풀어진 실을 포기하지 않고 공들여 이어서 아메바처럼 그것을 견실하게 펼쳐가는 것입니다. 각각 서로에게 촉수를 뻗어서 말이죠.

끈기가 필요하고, 번거로움도 수반되는 준비입니다. 그러나 결코 스마트하지 않지만, 혼자가 아니라는 상황 속에서만이 우리들은 마음의 안정을 키워갈 수 있는 것 아닐까요.

학교 때문에 고통스러운 아이들과 부모의 모임이 전국 여기 저기에서 늘어나고 있습니다. 심각한 일이라고 생각합니다. 자신이 망가지지 않는, 그리고 타인을 망가뜨리지 않는 유대 속에서 방황을 이겨내고 서로를 지지하는 힘을 키웠으면 좋겠습니다. 그리고 전문가라고 불리는 사람들을 오히려 그곳으로 초대해서 변화시켜가는 움직임이 필요합니다.

저 또한 학교문제에 관계를 맺으면서 그런 식으로 변하는 계기를 가졌던 한 사람입니다. 사람은 누구나 순회하면서 천천히 변화합니다. 형편에 따라서는 카운슬링이라는 온실로 잠깐 동안 피난하지 않으면 안 되는 때도 있을지 모릅니다. 하지만 생명체가 힘차게 살아가기 위해서는 온실 밖의 서서히 흐르는 시간과 넓고 깊은 대지가 꼭 필요합니다. 온실 밖 대지에 섭시다. 그 땅을 활기차게 하는 것은 전문가가 아닌 우리들 한 사람 한 사람이니까요.

잡지 《코미윤토こみゆんと》 수록.

후기

"키조 그림책의 고향은 자연 그대로 풀과 나무들 속에 있어서 분명히 좋아하게 될 거야."라고 남편 오자와 토시오(小澤俊夫)에게 늘 들어왔습니다. 남편은 옛날이야기 연구를 하고 있어서 '키조 그림책의 고향'에 지금까지 몇 번이나 초대를 받았습니다. 언젠가 함께 가보고 싶다고 생각하고 있었는데, 생각지도 못하게 강연에 초대해주셨습니다. 기쁘고도 영광스러운 권유였습니다.

5월의 그림책의 고향은 새소리로 가득 차, 발밑에는 갯고들빼기꽃이 피었고, 커다란 멀구슬나무(Melia azedarach)들이 연보랏빛 꽃에 가려져 있었습니다. 참으로 차분하고 안정감 있는 곳이었습니다. 사람의 손이 자연에 방해가 되지 않도록 최대한 조심스러운 여러분들의 모습이 금세 전해졌습니다. 소리는 물론 밤의 조명까지도 조심스러웠고 어둠을 소중히 여기고 있었습니다. 여기서 생활하는 아이들과 어른들은 분명 깊은 만족을 누리고 있을 겁니다.

강연하는 날은 비가 내렸지만, 많은 분들이 강연회장을 메워주시고 열심히 들어주신 데 감사드립니다. 그리고 강연록을 책자로 만들자는 제안을 받았습니다. 도와주신 쿠로키 이쿠토모(黑木郁朝) 촌장님 부부와 사무국장인 모리 이치요(森一代) 씨, 그리고 스텝 여러분들께 진심으로 감사드립니다.

오자와 마키코.

옮긴이의 글

출판사에 다니는 친구가 임상심리학에 관련된 오자와 선생님의 작품에 대한 계약 진행과 번역을 제안해왔을 때, 막연하지만 해보고 싶다는 의욕과 함께 과연 내가 해낼 수 있을까? 하는 불안이 동시에 밀려왔습니다.

심리학은 익숙한 단어이지만 어려운 분야였고, '오자와 마키코가 누군데? 임상심리학? 그럼 전문서적이야? 전문용어가 나열된 어려운 책이겠네' 등 생각은 끝없이 가지를 치기 시작했습니다. 또한 번역을 진행하면서 전문 분야의 문제인지, 언어의 문제인지 번역에 대한 고민은 계속되었습니다.

다행스럽게도 저자인 오자와 선생님과 직접적으로 커뮤니케이션이 가능했고, 내 손에 쥐어진 책이 두껍지 않았기 때문에 의욕에 무게를 싣고 도전하게 되었습니다. 하지만, 가벼운 마음으로 읽기 시작한 작은 책 한 권의 무게는 한없이 무겁게 느껴졌습니다.

심리학에 깊게 파고들어서, 내용이 너무 난해해서가 아니라 일상생활과 밀접하게 관계하며 한 치의 의심도 없이 당연하다고 믿었던 사실들이 어쩌면 계획적이고 전략적으로 만들어진 것일 수도 있다는 의구심이 마음을 짓눌렀기 때문입니다. 더불어 사회적 통념에 대해 자문하는 계기가 되었습니다.

오자와 선생님이 임상심리학에 대해 의문을 품고 스스로의 경험을 통해 반문을 계속하는 시기에 태어난 세대인 저는 글 속에 나타나는 아이와 젊은이들의 심정을 구구절절 공감할 수 있었습니다. 비교와 평가는 학습능력에 대한 잣대가 아닌 일상생활 속에 공존하고 있는 행위임에 소스라치게 놀라며, 비교당하고 평가받음으로 끝나는 것이 아닌 스스로를 평가하고 타인과 비교하는 일을 자연스럽게 실천하고 있음에 마음이 무거워지기도 했습니다.

이기적이고 개인주의적인 사람들이 많아졌다고 하지만 정말로 오롯이 나만을 생각하기 때문은 아닐지도 모른다는 생각이 들었습니다. 내면은 아이인 채 겉모습만 어른이 되었기 때문에 홀로서는 방법을 알지 못해서 그렇게 된 것은 아닐까요? 그렇기 때문에 더욱 누군가의 부모, 누군가의 자식과 같이 타인에게 불리는 내가 아닌 오롯이 나 자신으로 설 수 있는 연습이 필요하다고 절실히 느꼈습니다.

미숙한 번역본을 교정, 편집해주신 담당자 분들과 책을 출간할 때까지 믿고 이끌어준 친구 배성분, 그리고 새로운 도전을 할 수 있는 기회를 주신 서현사 조재성 대표님께 진심으로 감사드립니다.

2015년 8월
김은서

감수 이미식 부산교육대학교 윤리교육과 교수

이 땅에 살고 있는 아이들이 행복했으면 하는 바람으로 윤리교육과 관련된 내용을 연구하고, 그 연구를 실제 교육 현장에 적용하는 일을 합니다. 그리고 어른과 아이들이 함께 성장의 기쁨을 누릴 수 있는 학교를 꿈꾸고 있습니다.

옮긴이 김은서

동덕여자대학교 일본어과를 졸업하였으며 대학 재학시절 자매학교인 일본 메이카이대학(明海)에서 유학했습니다. 대학을 졸업한 뒤 국내 일본 회사에 취업하였으나 전공을 살리기 위해 일본으로 이직, 3년 동안 일본에 거주하였습니다.
현재는 일본 회사에 근무하며, 기술서, 전공서, 잡지, 미용서 등 여러 분야의 번역활동을 하고 있고, 여섯 살짜리 조카 유찬이와 틈틈이 놀아주며 아이와 함께 오늘을 살아가는 법을 배우고 있습니다.

오자와 컬렉션 ❷

지금 아이들이 있는 곳
아이와 함께 오늘을 살아가는 법

2015년 8월 25일 1판 1쇄 인쇄
2015년 8월 30일 1판 1쇄 발행

지은이 오자와 마키코(小沢牧子)
감 수 이미식
옮긴이 김은서
펴낸이 조재성
펴낸곳 서현사
경기도 고양시 일산동구 중앙로 1055번지 레이크하임 206호
전화 031-919-6643 **팩스** 031-912-6643
등 록 2002년 8월 14일 제 03-01392호

ISBN 978-89-94044-73-6 03180
ISBN 978-89-94044-72-9 (세트)

정 가 10,000원

잘못 만들어진 책은 교환하여 드립니다.
저자와의 협의로 인지는 생략합니다.